LA SISTEMO JAM

ESTAS

FUNKCIANTA

J. Saiz de Omeñaca.

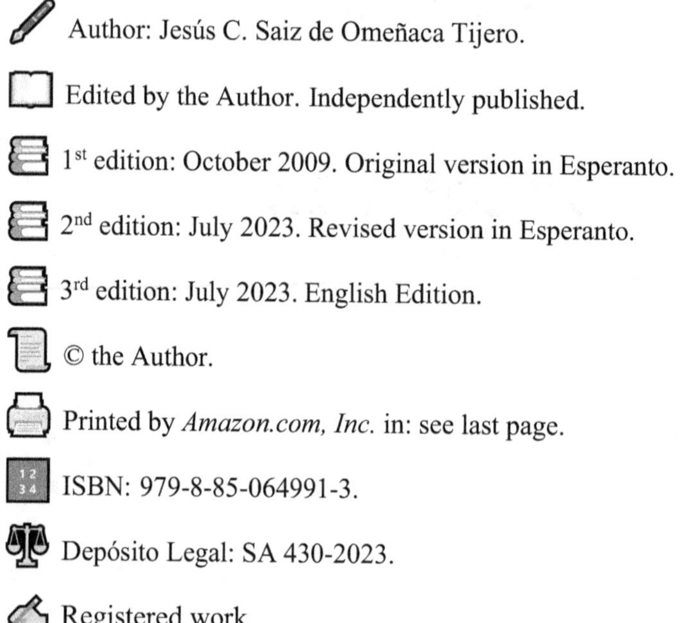

Author: Jesús C. Saiz de Omeñaca Tijero.

Edited by the Author. Independently published.

1st edition: October 2009. Original version in Esperanto.

2nd edition: July 2023. Revised version in Esperanto.

3rd edition: July 2023. English Edition.

© the Author.

Printed by *Amazon.com, Inc.* in: see last page.

ISBN: 979-8-85-064991-3.

Depósito Legal: SA 430-2023.

Registered work.

Preface

Welcome to the English edition of *La Sistemo Jam Estas Funkcianta* (The System Is Already Up and Running), carefully designed to offer readers a unique journey into the captivating world of Esperanto.

Within these pages, you will embark on a literary adventure that combines the beauty of Esperanto with the opportunity to enhance your linguistic skills in this language.

In this edition, we present a harmonious fusion of the original text and its English translation, allowing readers to explore the depths of the Esperanto language while enjoying the flow and rhythm of the narrative. By providing parallel texts, we strive to create an immersive reading experience that encourages readers to engage with both languages simultaneously.

The intention behind this edition is to foster a deeper connection with Esperanto. Whether you are already familiar with the language or just beginning your linguistic exploration.

Through the juxtaposition of languages, we aim to create a bridge that allows for a seamless transition between the familiar and the unknown.

In the next pages, you will find a treasure trove of linguistic nuances, thought-provoking concepts, and the sheer joy of language. It is our hope that this edition will serve as a catalyst for personal growth, inviting readers to embrace the beauty and power of Esperanto while expanding their linguistic horizons.

We invite you to embark on this literary voyage, where language and imagination intertwine, and the world of Esperanto awaits. Enjoy the journey ahead, and may this edition kindle your passion for language and knowledge.

INDEX

Dedication

This work is especially dedicated to those who do not believe in Esperanto. To those who do not know it, do not speak it, do not understand it, nor can they read it. To all who do not know the great potential that this language has. To all those who have no faith.

So that at least the echo of a symphony, which is beginning to be heard throughout the world, reaches them. So that the whisper of wind, which begins to blow in new directions, reaches them. So that they can see on the horizon the work of art that not all mortals yet know how to contemplate. So that they at least try to say goodbye to the short-sightedness that prevents them from reading the poem that is written in the history of this language.

Either way:

This work is a dream of hope and love, for those who do not believe in its power. For those who live without a path and a flame in the silence of ignorance and lack of understanding.

In it the song of the infinite world resounds,
with words that evoke harmony.
On the horizon of marginal hope,
we invite them to a new and pure growth.

Dediĉo

Tiu ĉi verko estas speciale dediĉita al tiuj, kiuj ne kredas je Esperanto. Al tiuj, kiuj ĝin ne konas, kiuj ĝin ne parolas, kiuj ĝin ne komprenas, nek povas ĝin legi. Al ĉiuj, kiuj ne konas la grandan potencialon, kiun tiu ĉi lingvo havas. Al ĉiuj, kiuj ne havas fidon.

Por ke almenaŭ la eĥo de simfonio, kiu komencas aŭdiĝi en la tuta mondo, alvenu al ili. Tiel ke la flustro de vento, kiu komencas blovi en novajn direktojn, atingas ilin. Por ke ili ekvidi ĉe la horizonto la artaĵon, kiun ankoraŭ ne ĉiuj gehomoj scias kontempli. Por ke ili almenaŭ provu adiaŭi la miopecon, kiu malebligas al ili legi la poemon, kiu estas skribita en la historio de ĉi tiu lingvo.

Kiel ajn:

Ĉi verko estas songo de espero kaj amo, al tiuj, kiuj ne kredas je ĝia potenco. Al ili, kiuj vivas sen vojo kaj flamo en la silento de nescio kaj senkompreno.

En ĝi resonas la kanto de la mondo senfina,
per vortoj, kiu elvokas harmonion.
Ĉe la horizonto de l'espero marĝina,
ni invitas ilin al nova kaj pura kreskon.

With the bells of the words let the world sing,
and in every heart find peace and brotherhood. Esperanto, like a river flowing around, connects people in a linguistic and heart context.

In its pages find wisdom and beauty, and words that fly freely in the air. Through a literary dance of sounds and thoughts, We will spread love and sincere hope.

And for all those who already know, who already believe, Esperanto is a language that sets them free. In its roots they find common ground, and through words they work together as a bond.

The sounds of Esperanto fly through the air, and in the hearts they sound like a mystery. Through works they express their thoughts and spread the beauty of linguistic growth.

This work is a gift to you, friends, with the hope that it will fill your virtues. May the rhythm of the words beat in your heart, and may life give strength to shine like an aurora.

Let's celebrate the language and its heritage, with the knowledge that gives a noble education. Together let's sing and spread the harmony, and spread Esperanto as a holy relic.

Per sonoriloj de l'vortoj la mondo kantu, kaj en ĉiu koro trovu pacon kaj fratecon. La Esperanto, kiel rivero ĉirkaŭfluanta, kunligas homojn en lingva kaj kora kuntekson.

En ĝiaj paĝoj trovu saĝon kaj belecon, kaj vortojn, kiuj libere flugas en aero. Per literatura danco de sonoj kaj penso, Ni disvastigos la amo kaj esperon sincera.

Kaj por ĉiuj, kiuj jam scias, kiuj jam kredas, la Esperanto estas lingvo, kiu ilin liberigas. En ĝiaj radikoj ili trovas komunan grundon, kaj per vortoj ili kunlaboras kiel bundon.

La sonoj de Esperanto flugas per la aero, kaj en la koroj ili sonas kvazaŭ mistero. Per verkoj ili esprimas siajn pensojn, kaj disvastigas la belecon de lingvaj kreskoj.

Ĉi tiu verko estas donaco al vi, amikoj, kun la espero, ke ĝi plenigos viajn virtojn. La ritmo de l'vortoj batiĝu en via koro, kaj la vivo donu forton por brili kiel aŭroro.

Ni festu la lingvon kaj ties heredon, kun la kono, kiu donas noblan edukadon. Kune ni kantu kaj disvastigu la harmonion, kaj disvastigu Esperanton kiel sanktan reliquion.

And now, together, let's go on a poetic journey,
through the power of Esperanto, everyone has a part. Let's spread the beauty of this language, and let it ring in our hearts and wings.

Author's Notes

Firstly: Funds raised from the sale of copies of this book will be used to educate orphaned children in the Democratic Republic of the Congo (DRC) and to monitor their school and university activities.

For some time now, the author of this book has been in contact with Augustin Kakozwa, an Esperantist from the city of Goma, in the Democratic Republic of the Congo; a city near the border of DRC with Uganda.

Mr. Kakozwa is the director of the *Asocio Nova Familio* (ANF), whose goal is to welcome, integrate and educate orphaned children left behind by the long war in the area of the city of Goma, where certain clashes still continue, after more than 20 years of the war

At the time of writing these lines, the association ANF takes care of more than 200 children whose parents died in the wars mentioned above.

Kaj nun, kune ni iru en poezia vojaĝo, per la potenco de Esperanto, ĉiu havu parton.
Ni disvastigu la belecon de ĉi tiu lingvo, kaj lasu ĝin soni en niaj koroj kaj vingoj.

Notoj de la Aŭtoro

Unue: Financoj akiritaj de la vendo de ekzempleroj de ĉi tiu libro estos uzataj por eduki orfajn infanojn en D.R. Kongo kaj por kontroli iliajn lernejajn kaj universitatajn agadojn.

Jam de kelka tempo la aŭtoro de ĉi tiu libro kontaktas Augustin Kakozwa, esperantisto el la urbo Goma, en la Demokratia Respubliko Kongo; urbo proksime de la limo de D.R. Kongo kun Ugando.

S-ro Kakozwa estas la direktoro de la Asocio Nova Familio (ANF), kies celo estas bonvenigi, integri kaj eduki orfajn infanojn postlasitajn de la longa milito en la areo de la urbo Goma, kie ankoraŭ daŭras certaj kolizioj, post pli ol 20 jaroj de la milito.

En la momento de skribi ĉi tiujn liniojn, la asocio ANF prizorgas pli ol 200 infanojn, kies gepatroj mortis en la supre menciitaj militoj.

These orphans need school fees, food, clothing, school materials and a place to live.

So by buying this book you also help to send your money, not only to the printer that printed this book, but also to the orphans of DRC to support their training, with which new opportunities in life can be opened for them.

The Association was founded in 2009 and received its official name in 2018. Since 2009, the association has been helping the education of orphaned children, and, at the same time, teaching them the basics of Esperanto, in addition to the normal subjects in DRC schools.

For more information on the specific activities of the association and up-to-date concrete figures, please visit the following websites:

• https://www.esperanto.de/eo/enhav o/english-asocio-nova-familio-asosciation-new-family
• https://www.esperanto.de/eo/enhav o/intervjuo-kun-a%C5%ADgustin
• https://www.miavivo.net/profilo/au gustin/

Or search for the *Asocio Nova Familio* (AFN) on the internet and all this information and much more will be found!

Ĉi tiuj georfoj bezonas lernejajn kotizojn, manĝaĵojn, vestaĵojn, lernejajn materialojn kaj loĝlokon.

Do aĉetante ĉi tiun libron vi ankaŭ helpas elspezi vian monon, ne nur por la presilo, kiu presis ĉi tiun libron, sed ankaŭ por subteni la georfojn de D.R. Kongo kaj ilia trejnado, kun kiu novaj ŝancoj en la vivo povas malfermiĝi por ili.

La Asocio ekestis en la jaro 2009 kaj ricevis sian oficialan nomon en la jaro 2018. Ekde 2009, la asocio helpas la edukadon de orfaj infanoj, samtempe instruante al ili la bazojn de Esperanto, krom la instruadon de normalaj fakoj en la lernejoj el D.R. Kongo.

Por pliaj informoj pri la specifaj agadoj de la asocio kaj ĝisdataj konkretaj ciferoj, bonvole vizitu la jenajn retejojn:

• https://www.esperanto.de/eo/asocio -nova-familio-eo
• https://www.esperanto.de/eo/enhav o/intervjuo-kun-a%C5%ADgustin
• https://www.miavivo.net/profilo/au gustin/

Aŭ serĉu la Asocio Nova Familio (AFN) en la interreto kaj ĉiujn ĉi informojn kaj multe pli estos trovota!

Secondly: I wish to develop some explanations in relation to the subject of *Finvenkistado* or, preferably, the Final success [TN: of Esperanto]. My intention is to present this work without displeasing or disappointing individuals, especially those who believe in the imminent globalization of Esperanto. I want to explain that, apart from facts, this book expresses some personal ideas, which can be relative and subjective in nature. I do not intend to impose ideas on you, as readers. The purpose of this work is to present and expose various points of view and concepts.

I intend not only to discuss the subject of "final success", but also to express my own opinion about it. However, I am aware that the matter is subjective and there is scope for different points of view. I do not claim to have the absolute answer or certainty on the subject. I simply want to give voice to my thoughts and provide you with material for reflection and critical analysis.

Besides that, I feel it is important to mention that I believe that the process of *Finvenkismo* or the global adoption of Esperanto will take a very long time before we reach the final result of living in *Esperantoland*. [TN: *Esperantujo* is a term for the Esperanto community used as if it were a country. Here translated as "Esperantoland"].

Due: mi deziras disvolvi kelkajn klarigojn rilate al la temo de *Finvenkistado* aŭ, preferinde, *Finsukcesistado*. Mia intenco estas prezenti ĉi tiun verkon sen malplaĉi aŭ desaponti iujn individuojn, precipe tiujn, kiuj kredas je la tujfina tutmondigo de Esperanto. Mi volas klarigi ke, krom faktoj, ĉi tiu libro esprimas kelkajn proprajn ideojn, kiuj povas esti relativa kaj subjektiva karaktero. Mi ne intencas imponi ideojn al vi, kiel gelegantoj. La celo de ĉi tiu verko estas prezenti kaj eksponi diversajn vidpunktojn kaj konceptojn.

Mi celas ne nur diskuti la temon de "Finsukcesismo", sed ankaŭ esprimi mian propran opinion pri tio. Tamen, mi konscias, ke la afero estas subjektiva kaj ekzistas amplekso de malsamaj vidpunktoj. Mi ne pretendas havi la absolutan respondo aŭ certecon pri la temo. Mi simple volas doni voĉon al miaj pensadoj kaj provizi al vi materialon por reflekto kaj kritika analizo.

Krom tio, mi sentas, ke estas grave mencii, ke mi kredas, ke la procezo de "Finsukcesistado" aŭ la tutmonda adopcio de Esperanto daŭros tre longe antaŭ ol ni atingos la finan rezulton de loĝado en *Esperantujo*.

I consider this to be a long and evolving journey that requires patience, persistence and collective work. Therefore, I invite you, dear readers, not only to judge the results or conclusions of this book, but also to critically reflect on the ideas and arguments presented in it.

I appreciate your understanding and openness to different perspectives. I hope that this work will expand your curiosity and inspire you in your own exploration of the subject. It doesn't matter if we have the same points of view or not, but I hope that this book will support your effort for a deeper understanding and reflection on Esperanto and its role in the world.

I thank you for your attention and dedication to reading this work. I hope it will bring light and discussion to the subject and that it will fulfill your curiosity and spiritual search.

Finally, a note to the second edition: I sincerely thank all readers. Your support and trust is the reason why this edition exists.

I appreciate and respect every moment you spend reading this book. Through your reading, you give meaning and life to my creation. Every word, every page and every ink drop carries the breath of my dedication to you. For that, I want to express my deepest gratitude.

Mi konsideras tion kiel longan kaj evolueman vojaĝon, kiu postulas paciencon, persistecon kaj kolektivan laboron. Tial, mi invitas vin, kara gelegantoj, ne nur prijuĝi la rezultojn aŭ konkludojn de ĉi tiu libro, sed ankaŭ kritike pripensi la ideojn kaj argumentojn prezentitajn en ĝi.

Mi estimas vian komprenon kaj malfermecon al diversaj perspektivoj. Mi esperas, ke ĉi tiu verko pligrandigos vian scivolemon kaj inspiros vin en via propra esplorado de la temo. Ne gravas, ĉu ni havas la samajn vidpunktojn aŭ ne, sed mi esperas, ke ĉi tiu libro subtenos vian penadon pri pli profunda kompreno kaj pripensado pri Esperanto kaj ĝia rolo en la mondo.

Mi dankas al vi pro via atento kaj dediĉo legi ĉi tiun verkon. Mi esperas, ke ĝi alportos lumon kaj diskuton al la temo kaj ke ĝi plenumos vian scivolemon kaj spiritan serĉadon.

Fine, noto de la dua eldono: Mi sincere dankas ĉiujn gelegantojn. Via apogo kaj fido estas la kialo, pro kiu nun ekzistas tiu ĉi dua eldono.

Mi estimas kaj respektas ĉiun momenton, kiun vi dedikas al legado de ĉi tiu libro. Per via legado, vi donas signifon kaj vivon al mia kreado. Ĉiu vorto, ĉiu paĝo kaj ĉiu guto da inko portas la spiron de mia dediĉo al vi. Pro tio, mi volas esprimi mian profundan dankegon.

Your support through reading is very appreciated, and I feel privileged to have you as a part of this journey. From the bottom of my heart, I wish that this book gives you pleasure, inspiration and news. I treasure your support, and I promise that I will continue to work to meet your expectations. Enjoy this second edition, and I hope it brings you joy and satisfaction. Thank you, thank you from the bottom of my heart. Thank you very much.

Note to the English edition: This version has been carefully crafted to expand the reach of this work by providing an English translation in the left columns, while preserving the original version in the right columns of these pages.

Throughout the book, readers will find parallel texts, direct translations, and occasional adjustments made to ensure a smooth reading experience.

With this edition, readers are presented with the opportunity to immerse themselves in the beauty of Esperanto while concurrently developing their language skills. The inclusion of an English translation in the left columns, alongside the original version in the right columns is intended to facilitate a rich reading experience that fosters both enjoyment and linguistic growth.

Via subteno per legado estas tre kara por mi, kaj mi sentas min privilegiita, ke vi estas parto de ĉi tiu vojaĝo. El ĝisprofunda koro, mi deziras, ke ĉi tiu libro donu al vi plezuron, inspiron kaj novaĵojn. Vian apogon mi gardas kiel trezoron, kaj mi promesas, ke mi daŭre laboros por plenumi viajn atendojn. Ĝoju pri tiu ĉi dua eldono, kaj mi esperas, ke ĝi alportas al vi ĝojon kaj kontentecon. Dankon, dankon el la fundo de mia koro. Vere dankon.

Introduction

In this book, English readers are presented with several ideas that, when viewed separately, seem independent and unrelated. They are like stars: isolated from everything else in the dark Universe, but shining in the darkness, each with its own light and characteristics. Here are disjointed ideas: stories about events at different times of history, physical processes that flow like a river through the hearths of Nature, events that took place in distant places, but the relationship between them, at first glance, is hidden in a kind of fog of mystery.

However, when you immerse yourself in the charm of reading, little by little, as if by magic, the invisible little clouds will disperse and you will discover the absent connection between all the stories, processes and anecdotes that are carefully collected in this wonderful compendium. With each and every word, you will step on the path of discovery and understanding. The harvest of your learning will grow like a flower garden in spring, where each petal is an important component of the whole.

And finally, at the pinnacle of your progress, you will reach the majestic mountain of final meaning: the surface and depth of all that is reported and preserved in this sagacious work. The stories that present themselves before you are not simply loops of words, but

Enkonduko

En ĉi tiu libro, oni prezentas al gelegantoj plurajn ideojn, kiuj, kiam oni rigardas ilin aparte, ŝajnas sendependaj kaj malrilataj. Ili estas kiel steloj: izolitaj de ĉio alia en la malluma Universo, sed brilantaj en la mallumeco, ĉiu kun sia propra lumo kaj trajtoj. Jen diskunigitaj ideoj: rakontoj pri okazintaĵoj en malsamaj tempoj de la historio, fizikaj procezoj, kiu fluas kvazaŭ rivero tra la kamenoj de la Naturo, eventoj, kiuj okazis en malproksimaj lokoj, sed la rilato inter ili, je unua rigardo, estas kaŝita en kvazaŭ ia nebulo de mistero.

Tamen, kiam vi immergiĝos en la ĉarmo de la legado, iom post iom, kiel per sorĉo, la nevideblaj nubetoj disiĝos kaj vi malkovros la neĉeestantan ligon inter ĉiuj rakontoj, procezoj kaj anekdotoj, kiuj estas zorgeme kolektitaj en ĉi tiu mirinda kompendio. Per ĉiuj kaj ĉiu vorto, vi paŝos sur la vojo de malkovro kaj kompreno. La rikolto de via lernado kreskos kiel florĝardeno en printempo, kie ĉiu petalo estas grava komponanto de la tuteco.

Kaj fine, ĉe la pinteso de via progreso, vi atingos la majestan monton de la fina signifo: la supraĵon kaj profundon de ĉio kio estas raportita kaj konservita en ĉi tiu sagaca verko. La rakontoj, kiuj sin prezentas antaŭ vi, ne estas simple bukloj da vortoj, sed plumoj, kiuj

feathers that rise in the dance of thought and expression. They are not presented in detail, but compactly, like diamond drops, through which the light of mystery and knowledge is reflected. The intention and purpose of this book is not to repeat and regurgitate all the information that can already be found in the vast sea of knowledge sources.

Instead, it is meant to be a guide in your adventure of exploration. It is desired to introduce each topic with a cheerful simplicity that will arouse your curiosity and require continuous deepening. On each page, the essence of the theme is distilled as amazing sky page captains. The meaning and background of the ideas are cleansed, as by the absorbing enjoyment of chocolate. And so, as the clock's hands move incessantly, you will find yourself dancing with the spirit of learning, losing yourself in the art of knowledge and beauty.

After each chapter, you will find a garden of references, like fresh springs, from which you will be able to drink the serene river of wider knowledge. Those various sources of information will be the light that will guide you deeper into the maze of topics. Books, periodicals, internet pages and many other treasures will be referenced, although it is understood that they are not always easily or completely accessible in the language in which you find yourself [comfortable], unfortunately.

The simple truth is that it is not intended to present or explain the historical issues or scientific articles. What we really want is to show the global idea, that

alitiĝas en la danco de la penso kaj esprimo. Ili ne estas prezentitaj detale, sed kompakte, kvazaŭ diamantaj gutoj, per kiuj reflektiĝas lumo de mistero kaj scio. La intenco kaj celo de ĉi tiu libro ne estas ripeti kaj surdosemaĵi ĉiujn informojn, kiuj troviĝas jam en la vasta maro de la konocaj fontoj.

Anstataŭe, oni celas esti gvidantoj en via aventuro de esploro. Oni deziras enkonduki ĉiun temon kun gaja simpleco, kiu vekos vian scivolemon kaj postulas daŭran profundiĝon. En ĉiu paĝo, la esenco de la temo estas distilita kiel mirindaj ĉielpaĝaj kaptajnoj. La signifo kaj fono de la ideoj estas purigitaj, kiel per sorba ĝuo de ĉokolado. Kaj tiel, dum la horloĝa sago moviĝas senĉese, vi trovos vin dancaĉante kun la spirito de la lernado, perdiĝante en la arto de scio kaj beleco.

Post ĉiu ĉapitro, vi trovos ĝardenon de referencoj, kvazaŭ freskaj fontoj, el kiuj vi povos trinki la serenan riveron de pliampleksa scio. Tiuj diversaj informfontoj estos la lumo, kiu gvidos vin pli profunde en la labirinto da temoj. Oni referencos librojn, periodaĵojn, interretajn paĝojn kaj multon da aliaj trezoroj, kvankam oni komprenas, ke ili ne ĉiam estas facile aŭ tute atingeblaj en la lingvo, en kiu vi trovas vin, bedaŭrinde.

La simpla vero estas, ke oni ne celas prezenti aŭ klarigi la historiajn aferojn aŭ sciencajn artikolojn. Tio, kion oni reale deziras, estas montri la

witty and even magical core that corresponds to every story told in this book. It is intended to let you find out the living heart of the meaning, and extract from it the pure essence. It is desired that you feel the vibration of the truth that resonates through every page and runs through your soul like a sweet melody.

That is: we do not want to stop and describe one, two or three stars, isolated from one another, as was said before, but we want to see the whole set of constellations in the firmament in order to contemplate the largest structures ever seen.

Each topic will be introduced briefly but in detail; in which the essence is distilled and the meaning and background of ideas will be purified. And then, various sources of information will be referenced (which the reader may even find interesting) at the end of each chapter. So that, everyone who wants to increase or expand their knowledge in relation to the various subjects, will be able to do so.

The reason is simple: there is no attempt to express or explain historical issues or scientific articles. What we want is to show a global idea and extract the true "marrow"; the living heart of the meaning of the story told; the core of pure truth. That is: the indisputable and deep root that is preserved in all these concepts that are being talked about.

Because it is there, in the spiritual depth of all these concepts, where the common light will shine like stars in the sky of your knowledge. It is there where the

tutmondan ideon, tiun spritoplenan kaj eĉ magian medolon, kiu korespondas al ĉiu rakonto rakontita en ĉi tiu libro. Oni celas lasi vin ekscii la vivan koron de la signifo, kaj ĉerpi el ĝi la puran esencon. Oni volas ke vi sentu la vibron de la veraĵo, kiu resonas tra ĉiu paĝo kaj trakuras vian animon kiel dolĉan melodion.

Tio estas: oni ne volas halti pri klarigado de unu, du aŭ tri steloj, izolitaj, kiel oni diris antaŭe, sed oni volas vidi la tutan aron da konstelacioj en la firmamento por kontempli la plej grandajn strukturojn iam viditajn.

Ĉiun temon estos enkondukita koncize sed detale; en kiu la esenco estos distilita kaj la signifo kaj fono de ideoj estos purigitaj. Kaj tiam, diversaj informfontoj estos referencitaj (kiujn la geleganto eĉ povas trovi interesaj) fine de ĉiu ĉapitro. Tiel ke, ĉiuj kiuj volas pligrandigi aŭ plivastigi siajn sciojn rilate la diversajn temojn, povos tion fari.

La kialo estas simpla: ne estas provo esprimi aŭ klarigi historiajn aferojn aŭ sciencajn artikolojn. Tion kion oni volas, estas montri tutmondan ideon kaj ĉerpi la veran "medolo"; la vivanta koron de la signifo de la rakonto rakontita; la kerno de la vero pura. Tio estas: la nediskutebla kaj profunda radiko, kiu estas konservata ĉe ĉiuj ĉi tiuj konceptoj pri kiuj oni parolas.

Ĉar estas tie, en la spirita profundo de ĉiuj ĉi konceptoj, kie la komuna lumo brilos kiel steloj en la ĉielo de via scio. Estas tie kie la komuna lumo al ĉiuj

common light to all the stories found in the chapters of this book will be found. And so, with a face illuminated by knowledge, you will be able to enjoy the magic of all the stories found in the chapters of this work.

rakontoj trovitaj en la ĉapitroj de ĉi tiu libro estos trovita. Kaj tiel, per la vizaĝo lumigita de la kono, vi povos ĝui la magion de ĉiuj rakontoj trovitaj en la ĉapitroj de ĉi tiu verko.

Chapter 1. Panorama

It is well know that the railways are not only efficient and fast, but also one of the safest means of transport. Statistics show that the number of accidents in railway transport is low, and the proportion of deaths is significantly smaller compared to other forms of transport. Railways also offer speed that can compete with all other transportation means.

For example, high-speed trains, which are also known as "High Speed Rail" (HSR) especially in France, Japan and other countries, provide regular and accurate services. They adhere to rigid timetables and offer fixed lines between large urban centres. Often, depending on the distance to be traveled, the orography of the land, the availability of infrastructure and similar factors, rail transport is faster than air transport, where you have to deal with long waiting times at airports and stopovers, and thus communication becomes difficult.

Besides, in addition, rail transport contributes to the protection of our environment: it produces little and lean pollution. In fact, it causes less pollution, both in an acoustic sense and in air quality, than asphalt roads or other medium- and long-distance transport systems, in general. The low emission of pollutants is an important advantage of

Ĉapitro 1. Panoramo

Oni bone scias ke la fervojoj estas ne nur efikaj kaj rapidaj, sed ankaŭ unu el la plej sekuraj transportiloj. Statistikoj pruvas, ke la nombro de akcidentoj en fervoja transporto estas malalta, kaj la proporcio de mortoj estas signife pli malgranda kompare al aliaj formoj de transportado. Fervojo ankaŭ ofertas rapidecon, kiu povas konkuradi kun ĉiuj aliaj transportaj metodoj.

Ekzemple, rapidtrajnoj, kiuj estas konataj ankaŭ kiel "Tre Rapida Trajnoj" precipe en Francio, en Japanio kaj en aliaj landoj, provizas regulan kaj precizan servon. Ili aliĝas rigidajn horarojn kaj ofertas fiksitajn liniojn inter grandaj urbaj centroj. Ofte, depende de la distanco por esti vojaĝita, la orografio de la tero, la havebleco de infrastrukturo kaj similaj faktoroj, la fervoja transporto estas pli rapida ol la aertransporto, kie oni devas pritrakti longajn atendotempojn en flughavenoj kaj haltlokoj, kaj tiel fariĝas malfacila komunikado.

Krom, aldone, fervoja transporto kontribuas al protekto de nia medio: ĝi malmultan kaj magran poluadon produktas. Fakte, ĝi kaŭzas malpli da poluado, tiel en akustika senco kiel en aera kvalito, ol asfaltvojoj aŭ aliaj mez- kaj longdistancaj transportaj sistemoj, ĝenerale. La malalta emisio de poluantoj estas grava avantaĝo de la fervojo, kiu subtenas pli puran kaj

railways, which support a cleaner and healthier living environment for all of us.

Therefore, railways are not only a means of transport, but also a symbol of safety, speed and concern for the environment. It is an efficient alternative to other transport options, and its advantages are numerous and significant.

The incorrect use of railways and the limited profits of train services is a common phenomenon in several countries. Although trains have great advantages compared to other transport services, they often do not receive enough attention and investments to actually improve their services.

One of the reasons for the incorrect use of railways is the low demand or interest in train transports. In some countries, the focus of transport investments is more often on automotive and airport projects, and railways receive less attention. This can be a result of political, economic or infrastructural considerations.

Additionaly, the lack of continued investments in railway infrastructure and rolling stock can contribute to poor quality of train services. The low investments can mean non-updated train lines, old and poor condition rolling stock, and limited service schedules. This can lower the overall experience and satisfaction of the passengers, and prevent the full realization of the potential benefits of train services.

sanean vivmedion por ni ĉiuj.

Tial, la fervojo estas ne nur transportilo, sed ankaŭ simbolo de sekureco, rapideco kaj zorgo pri la medio. Ĝi estas efika alternativo al aliaj transportaj opcioj, kaj ĝiaj avantaĝoj estas multnombraj kaj signifaj.

La malĝusta uzado de fervojoj kaj la limigitaj profitoj de trajnservoj estas komuna fenomeno en pluraj landoj. Kvankam trajnoj havas grandajn avantaĝojn kompare al aliaj transportservoj, ili ofte ne ricevas sufiĉan atenton kaj investojn por efektive plibonigi siajn servojn.

Unu el la kialoj por la malĝusta uzado de fervojoj estas la malalta demando aŭ intereso pri trajnaj transportoj. En kelkaj landoj, la fokuso de transport-investoj estas pli ofte sur aŭtomobilaj kaj flughavenaj projektoj, kaj la fervojoj ricevas malpli da atento. Tio povas esti rezulto de politikaj, ekonomiaj aŭ infrastrukturaj konsideroj.

Krome, la manko de daŭraj investoj en fervoja infrastrukturo kaj rulantaro povas kontribui al malbona kvalito de trajnservoj. La malaltaj investoj povas signifi neaktualigitajn trajnliniojn, malnovajn kaj malbonkondiĉajn vagonarojn, kaj limigitajn servoajn horarojn. Tio povas malaltigi la ĝeneralan sperton kaj kontenton de la pasaĝeroj, kaj malebligi la plenan realizon de la potencialaj avantaĝoj de trajnservoj.

Moreover, the lack of compassion or unawareness of the users about the possible benefits of train service can also contribute to the incorrect use of railways. Many people may not be aware of the economic, environmentally conscious and social benefits of train services, and therefore prefer other transport options. Education and information about the benefits of train services can be important in creating awareness and interest in the public.

In order to improve the situation and increase the profits through train services, various strategies and interactions are necessary. This includes comprehensive planning and investments in rail infrastructure, modernization of rolling stock, improvement of service schedules and punctuality, and more effective branding and information about the benefits of train service.

If readers are interested and want to know about specific and current information and data on the subject, the author would recommend searching in online encyclopedias, transport organizations or publications, and railway industry reports, as this is a changing subject over time. It's really a fascinating subject: despite the great advantages of trains compared to other transport services, the railways are not sufficiently used; therefore, ordinarily good profits through train services are not achieved either by train services and by train workers themselves, nor by the users of the railway service, according to the possible benefits that could be

Plie, la nekompato aŭ malkonscio de la geuzantoj pri la eblaj avantaĝoj de trajnservo ankaŭ povas kontribui al la malĝusta uzado de fervojoj. Multaj gehomoj povas ne esti konsciaj pri la ekonomiaj, medio-konsciaj kaj sociaj beneficoj de trajnservo, kaj tial preferas aliajn transportajn opciojn. Edukado kaj informado pri la avantaĝoj de trajnservoj povas esti grava por krei konscion kaj interesiĝon en la publiko.

Por plibonigi la situacion kaj pligrandigi la profitojn pere de trajnservoj, estas necesaj diversaj strategioj kaj interagoj. Tio inkludas ampleksan planadon kaj investojn en fervoja infrastrukturo, modernigon de vagonaroj, plibonigon de servoaj horaroj kaj puntualaĵo, kaj pli efikan markadon kaj informadon pri la avantaĝoj de trajnservo.

Se gelegantoj estus interesataj kaj volus scii pri specifaj kaj aktualaj informoj kaj datumoj pri la temo, la aŭtoro rekomendus serĉi en retaj enciklopedioj, transportaj organizoj aŭ publikaĵoj, kaj raportoj de fervoja industrio, ĉar ĉi tio estas ŝanĝiĝanta temo laŭlonge de la tempo. Ĝi vere estas fascina temo: malgraŭ la grandaj avantaĝoj de trajnoj kompare al aliaj transportservoj, oni ne sufuĉe uzas la fervojojn; tial, ordinare bonaj profitoj pere de trajnservoj ne estas atingataj nek de trajnaj servoj kaj de trajnolaboristoj mem, nek de la geuzantoj de la fervoja servo, laŭ la eblaj avantaĝoj kiuj povus esti ofertitaj

potentially offered. This is a common situation in several countries.

But: really, why is all this happening?

One of the main problems is the fact of necessity of railway track networks. That is: the trains need special tracks. Unique. Which can only be used by trains.

In the context of transport, the need for specific track networks is a main problem related to trains. In fact, trains require dedicated tracks that are reserved only for their use.

However, if you look at this problem with a wider perspective, you will see that a similar problem also appears with automobiles, such as motorcycles, cars, trucks and other freight/cargo vehicles.

Let's see: even those vehicles need "specific roads", but in this case the necessities are highways and motorways. These are paved or asphalt roads, the purpose of which is to provide speed and efficiency for automobile transportation. Although cars do not need separate track networks like trains, the existence of highways and motorways is necessary to meet the needs of road vehicle transportation.

That is: For any means of transportation, infrastructure is needed. Of course.

Then, this second set of vehicles also, like trains, needs something like "special tracks" which, in this particular case, are

potenciale. Ĉi tio estas ordinara situacio en pluraj landoj.

Sed: vere, kial ĉio ĉi okazas?

Unu el la ĉefaj problemoj estas la fakto de neceseco de fervojaj trakaj retoj. Tio estas: la trajnoj necesas specialajn vojojn, unikajn, kiujn nure povas esti uzataj de trajnoj.

En la kunteksto de transporto, la neceso de specifaj trakaj retoj estas ĉefa problemo rilatanta al trajnoj. Fakte, trajnoj postulas dediĉitajn vojojn, kiuj estas rezervataj nur por ilia uzado.

Tamen, se oni rigardas ĉi tiun problemon kun pli larĝa perspektivo, oni vidos, ke simila problemo aperas ankaŭ ĉe aŭtomobiloj, kiel motorcikloj, veturoj, kamionoj kaj aliaj ŝarĝaŭtoj.

Oni vidu: eĉ tiuj aŭtoj bezonas "specifajn vojojn", sed en tio kaze neceseco estas aŭtovojoj kaj aŭtostradoj. Tiuj estas pavimitaj aŭ asfaltaj vojoj, kies celo estas provizi rapidecon kaj efikecon por aŭtomobila transporto. Kvankam aŭtomobiloj ne bezonas apartajn trakajn retojn kiel trajnoj, la ekzisto de aŭtovojoj kaj aŭtostradoj estas necesa por plenumi la bezonojn de aŭtomobila transporto.

Tio estas: Por ajna alia transportrimedo necesas infrastrukturo, kompreneble.

Tiam, ĉi tiu dua aro de aŭtoj ankaŭ, samkiel trajnoj, bezonas ion kiel "specialajn vojojn" kiuj, en ĉi tiu aparta kazo, estas la aŭtovojoj kaj

the highways and motorways: the paved or asphalt roads!

This similarity in the need for special tracks shows that the need for dedicated transport routes is a main aspect of various transport modes. Trains require railway track networks, while automobiles require highways and motorways. Both are strategies to improve the efficiency and safety of respective transportation systems.

The construction of highways presents many aspects that merit investigation. One of those aspects is the significant cost that is involved in their construction. Actually, highways are more expensive than railroad tracks! The difference is clear: a greater sum of money is spent on building roads for cars than on building railways. Furthermore, more energy must be applied and expended to build highways than to build railroads.

A good example to realize, or at least to imagine, the importance of this matter, is the fact that terrain (soil) barely needs compaction for the construction of railway tracks, but quite a large compaction of terrain is needed for the construction of motorways. A lot of energy is used in compacting and modifying the terrain for the construction of highways. Additionally, it goes without saying that asphalt is expensive and certainly a pollutant.

aŭtostradoj: la pavimitaj aŭ asfaltaj vojoj!

Ĉi tiu simileco en la bezono de specialaj vojoj montras ke neceseco de dediĉitaj transportvojoj estas ĉefa aspekto de diversaj transportaj modaloj. Trajnoj postulas fervojajn trakajn retojn, dum aŭtomobiloj postulas aŭtovojojn kaj aŭtostradojn. Ambaŭ estas strategioj por plibonigi la efikecon kaj sekurecon de respektivaj transportaj sistemoj.

La konstruado de aŭtoŝoseoj prezentas multajn aspektojn, kiuj meritigas esploron. Unu el tiuj aspektoj estas la signifa kosto, kiu estas implikita en tia konstruado. Efektive, aŭtoŝoseoj estas pli kostaj ol fervojaj trakoj! La malsameco estas klara: pli granda sumo da mono estas elspezita por konstrui vojojn por aŭtoj ol por konstrui fervojojn. Krome, pli da energio devas esti aplikitaj kaj elspezitaj por konstrui aŭtostradojn, ol por fervoja konstruado.

Bona ekzemplo por konsciiĝi, aŭ almenaŭ por imagii, la gravecon de ĉi tiu afero, estas la fakto ke tereno (grundo) apenaŭ necesas kompaktiĝon por la konstruado de fervojaj trakoj, sed sufiĉe granda kompaktado de tereno estas bezonata por konstruado de aŭtostradoj. Multe da energio estas uzata en kompaktado kaj modifo de la tereno por konstruado de aŭtoŝoseoj. Aldone, oni ne necesas mencii ke la asfalto estas multekosta kaj certe malpurigaĵo.

This fact not only has practical consequences, but also has a significant influence on the pollution emitted and, of course, on the current state of Global Warming.

However, the cost of construction is not the only significant aspect. Also during the use of these roads, the economic, social and environmental impact is greater in the case of highways than in the case of railways. A significant example that can help us to be more aware of the importance of this issue is the fact that the land itself requires a different treatment: to build railways, the land requires little compaction. Whereas, for motorways, a fairly large compaction is necessary. It should be remembered that soil modification has important soil effects for the environment and for humans.

Therefore, it can be concluded that the construction of motorways is not only more expensive, but also more disrespectful of Nature and contributes more continuously to the pollution of the environment than the construction of railways.

Additionally, according to the *Interstate Highway System* in the United States: The vast network of highways in the United States, requires enormous investments in construction and regulatory maintenance. This requires large expenditures of money and energy, and results in extensive consumption of natural resources and pollution of the environment.

Tiu ĉi fakto ne nur havas praktikajn konsekvencojn, sed ankaŭ grave influegas en la poluo elsendita kaj, kompreneble, en la nuna stato de Tutmonda Varmiĝo.

Tamen, la kosto de konstruado ne estas la sola konsiderinda aspekto. Ankaŭ dum la uzo de tiuj vojoj, la ekonomia, socia kaj media efiko estas pli granda en la kazo de aŭtovojoj ol en la kazo de fervojoj. Laŭtenebla ekzemplo, kiu povas helpi al ni pli konscii pri la graveco de ĉi tiu afero, estas la fakto ke la tereno mem postulas malsaman traktadon: por konstrui fervojojn, la tereno malmulte postulas kompaktiĝon. Dum, por aŭtostradoj, sufiĉe granda kompaktado estas necesa. Oni memoru ke grundomodifo havas gravajn grundefikojn por la medio kaj por gehomoj.

Tial, oni povas konkludi, ke konstruado de aŭtoŝoseoj estas ne nur koste pli alta, sed ankaŭ pli malrespektegas la Naturon kaj pli daŭre kontribuas al la poluado de la medio ol la konstruado de fervojoj.

Aldone, laŭ la *Interstate Highway System* en Usono: La vasta reto de aŭtostradoj en Usono, kiu estas konata kiel *Interstate Highway System*, postulas enormajn investojn en konstruado kaj regulara prizorgo. Tio postulas grandajn elspezojn de mono kaj energio, kaj rezultas en vasta konsumo de naturaj resursoj kaj poluado de la medio.

Compared to the vast network of highways in the United States, the rail system is often more compact and does not require as many large construction projects. Railways can be built using already existing tracks or adapting existing railways, which can result in more efficient use of resources and less consequences to the natural environment.

On the other hand, in many large urban areas around the world, traffic flows of cars and trucks are consistently large and chaotic. This generally causes constant traffic jams, delays and pollution. Cars are often the main source of traffic congestion and pollution in urban areas. The need for more highways to decongest traffic is obvious, but this further contributes to the negative impact on the environment and the quality of life of the residents.

In comparison, trains (and trams, metro or similar) can provide fast and efficient transport in large cities, reducing the need for individual cars and preventing traffic flows. If urban planning is appropriate and adequate, this can help to relieve congestion on roads in cities, or between urban centers. The use of trains in these situations can contribute to a more fluid and less polluting traffic.

The construction of new highways is also important in developing countries: in many developing countries, the construction of new highways is seen as a sign of progress and modernity. However, these projects can have serious consequences, such as the removal of

Kompare al la vasta reto de aŭtostradoj en Usono, la fervoja sistemo estas ofte pli kompaktita kaj ne postulas tiom da grandaj konstruaj projektoj. Fervojoj povas esti konstruitaj uzante jam ekzistantajn trakojn aŭ adaptante ekzistantajn fervojaĵojn, kio povas rezulti en pli efika uzado de resursoj kaj malpli grandaj naturaj konsekvencoj.

Alieflanke, en multaj grandaj urbaj areoj ĉirkaŭ la mondo, trafikfluoj de aŭtoj kaj kamionoj estas laŭtene grandaj kaj kaotikaj. Tio generale kaŭzas konstantajn trafikdensegojn, malrapidecojn kaj poluadon. La aŭtoj ofte estas la ĉefa fonto de trafikdensoj kaj poluado en urbaj areoj. La bezono de pli da aŭtovojoj por malkongesti la trafikon estas evidenta, sed ĉi tio plu kontribuas al la negativa impakto sur la medio kaj la vivkvalito de la loĝantoj.

Kompare, trajnoj (kaj tramoj, metroo aŭ simile) povas provizi rapida kaj efika transporto en grandaj urboj, reduktante la bezonecon de individuaj aŭtoj kaj malhelpante trafikfluojn. Se urba planado estas taŭga kaj adekvata, tio povas helpi malpezigi ŝtopiĝon sur vojoj en urboj, aŭ inter urbaj centroj. La uzado de trajnoj en tiuj situacioj povas kontribui al pli fluida kaj malpli poluanta trafiko.

Ankaŭ grava afero estas la konstruado de novaj aŭtostradoj en evoluantaj landoj: en multaj evoluantaj landoj, la konstruado de novaj aŭtostradoj estas vidata kiel signo de progreso kaj moderneco. Tamen, tiuj projektoj povas havi seriozajn konsekvencojn,

natural ecosystems, the expropriation of territories and the dislocation of communities. This demonstrates the critical social and ecological aspect of highways. In a complementary way, the development of a railway system in developing countries may be a more fortunate alternative. Building new railways or improving existing train networks can be lighter and less disruptive than building vast motorways.

In addition to everything that has been stated above, the development of alternative transport solutions is also an interesting issue. The rapid development of alternative transport solutions, such as electric vehicles, has the potential to change the paradigm of transport. This shows that there are more sustainable and less polluting alternatives to traditional highway transport. The introduction of such solutions requires a review of the priorities and strategies in relation to the construction of roads and the development of transport systems. Similar to the development of alternative cars, rail transport can also evolve to be more sustainable and less polluting. Examples include the use of electric trains or more efficient and less polluting train types. Such developments can help reduce the negative impact of transportation and improve the ecological profile of the railway system.

It is important to mention and understand that these examples are based on observations and studies of real situations and trends in various parts of

kiel la forigo de naturaj ekosistemoj, la ekspropriejo de teritorioj kaj la dislokiĝo de komunumoj. Ĉi tio evidencas la kritikan socian kaj ekologian aspekton de aŭtovojoj. Komplementmaniere, la evoluo de fervoja sistemo en evoluantaj landoj povas esti pli bonŝanca alternativo. Konstrui novajn fervojojn aŭ plibonigi jam ekzistantajn trajno-retikojn povas esti pli malpeza kaj malpli distrueca ol konstrui vastajn aŭtostradojn.

Krom ĉio kio estis deklarita supre, la evoluo de alternativaj transportaj solvoj estas ankaŭ interesa afero. La rapida evoluo de alternativaj transportaj solvoj, kiel elektraj aŭtonomoj, potencas ŝanĝi la paradigmon de transportado. Tio montras ke ekzistas pli sostenaj kaj malpli poluaj alternativoj al tradicia aŭtovoja transporto. La enkonduko de tiaj solvoj postulas revizion de la prioritatoj kaj strategioj rilate al la konstruado de vojoj kaj la disvolviĝo de transportosistemoj. Simile al la evoluo de alternativaj aŭtomobiloj, ankaŭ la fervoja transporto povas evolui por esti pli sostenema kaj malpli poluanta. Ekzemploj inkluzivas la uzon de elektraj trajnoj aŭ pli efikaj kaj malpli poluaj trajnotipoj. Tiaj evoluoj povas helpi redukti la negativan efikon de transportado kaj plibonigi la ekologian profilon de la fervoja sistemo.

Gravas mencii kaj kompreni ke ĉi tiuj ekzemploj estas bazitaj sur observoj kaj studoj pri realaj situacioj kaj tendencoj en diversaj partoj el la

the world; and the comparisons are based on general observation and analysis. The efficiency of trains can vary according to specific situations and countries. However, it is not fiction, but instead realities that add meaning to the discussion about the importance of railways and highways. It describes some different trajectories between highways and rail, exploring how rail transport can have advantages in various contexts.

And, again: the trucks and buses degrade highways faster than degradation of railway tracks occurs due to trains. So the asphalt roads must be replaced (more precisely: rehabilitated or maintained) more often than railway tracks.

This phenomenon can be attributed to several factors. One aspect is the size and weight of trucks and buses, which intensify the pressures on the road bed or asphalt surface. It is also related to the way the wheels of these cars interact with the road, and the frequently repeated movements, such as cornering and stopping, which create greater friction. This contributes to faster deterioration of the surface of the road.

In contrast, trains, with a lighter distribution of weight, put less pressure on the railway track. The movement of the trains is more fluid, without abrupt changes of direction or stopping, which reduces the amount of friction on the track components. Therefore, the

mondo; kaj la komparoj estas bazitaj sur ĝenerala observo kaj analizo. La efikeco de trajnoj povas varii laŭ specifaj situacioj kaj landoj. Tamen, ĝi ne estas fikciaj, sed anstataŭe realecoj kiuj aldonas signifon al la diskuto pri la graveco de fervojoj kaj aŭtostradoj. Ĝi priskribas kelkajn diferencajn trajektoriojn inter aŭtostradoj kaj fervoj, esplorante kiel fervoja transporto povas havi avantaĝojn en diversaj kuntekstoj.

Kaj, re-krome: la kamionojn kaj busojn degradas aŭtostradojn pli rapide ol degradado de fervojaj trakoj okazas kauze de trajnoj. Do oni devas anstataŭi (pliĝuste: rekapabligi aŭ reenoficigi) la asfaltajn vojojn pliofte ol la fervojajn trakojn.

Ĉi tiu fenomeno povas esti atribuita al pluraj faktoroj. Unu aspekto estas la grandeco kaj pezo de kamionoj kaj busoj, kiuj pli intensas la premojn sur la vojbeton aŭ asfaltan surfason. Ĝi ankaŭ rilatas al la maniero, kiel la radoj de tiuj aŭtoj interagas kun la vojo, kaj la ofte ripetitaj movoj, kiel kurvigoj kaj haltadoj, kiuj kreas pli grandan fricoforcegon. Tio kontribuas al pli rapida degeneriĝo de la surfaco de la vojo.

Kontraste, trajnoj, kun pli malpeza distribuo de pezo, malpli premas sur la fervoja trako. La movado de la trajnoj estas pli flua, sen abruptaj ŝanĝoj de direkto aŭ haltado, kio reduktas la fricoforcegon sur la trakaj komponentoj. Tial, la degradado de

degradation of railways is often less rapid than that of roads.

Consider: the weight of trucks can vary, depending on their size, type and content. On average, a truck can weigh between a few tons to several tens of tons. For example, small commercial trucks may weigh close to 3-5 tons, while large cargo trucks, used to transport larger loads, may weigh more than 20 tons or even more. However, there are large trucks, such as special purpose trucks (e.g.: concrete mixers, crane loaders), which can weigh much more than that.

The surface on which the weight of a truck is distributed are the wheels and the axles of the truck. A truck has multiple axles with split wheels, and the weight is carried by the wheels of each axle. The size and construction of the wheels also affect how the weight is distributed on the surface of the road.

Regarding trains: the weight can be much greater than that of trucks. Trains, such as train sets or locomotives, can weigh several hundred tons or even several thousand tons; think about cargo trains. However, the weight of a train is distributed on several axles with united wheels, and the size and number of wheels depends on the specific train construction.

The train tracks are designed to withstand the weight of trains and distribute it over a larger surface than individual wheels of a truck. The train

fervoj estas ofte malpli rapida ol tiu de vojoj.

Oni konsideru: la pezo de kamionoj povas varii, dependante de ilia grandeco, tipo kaj enhavo. Mezume, kamiono povas pezi inter kelkaj tonoj ĝis pluraj dekoj da tonoj. Ekzemple, malgrandaj komercaj kamionoj povas havi pezon proksime de 3-5 tonoj, dum grandaj ŝarĝkamionoj, uzataj por transporti pli grandajn ŝarĝojn, povas pezi pli ol 20 tonojn aŭ eĉ pli. Tamen, grandaj kamionoj ekzistas, kiel ekzemple kamionoj por specialaj celoj (ekz. betonmiksiloj, kranoŝarĝiloj), kiuj povas pezi multe pli ol tio.

La surfaco sur kiu la pezo de kamiono estas distribuita estas la radoj kaj la akseloj de la kamiono. Kamiono havas plurajn akselojn kun disaŭtigitaj radoj, kaj la pezo estas portita per la radoj de ĉiu akselo. La grandeco kaj konstruo de la radoj ankaŭ influas, kiel la pezo estas distribuita sur la surfaco de la vojo.

Pri trajnoj: la pezo povas esti multe pli granda ol tiu de kamionoj. Trajnoj, kiel ekzemple vagonaroj aŭ lokomotivoj, povas pezi kelkajn centojn da tonoj aŭ eĉ plurajn milojn da tonoj; oni konisderu trajnojn por varoj. Tamen, la pezo de trajno estas distribuita sur pluraj akseloj kun kunigitaj radoj, kaj la grandeco kaj nombro de la radoj dependas de la specifaj trajna konstruo.

La trajnvojoj estas dizajnitaj por elteni la pezon de trajnoj kaj distribui ĝin sur pli granda surfaco ol individuaj radoj de kamiono. La trajnvojoj inkluzivas

tracks include a railroad bed that is wider than normal tracks, and often have special railway track beds built to carry and distribute the weight of trains. The greater distribution of weight on the train track beds helps to reduce the pressure and unevenness on the surface of the tracks.

However, it is important to understand that the degradation of roads is not only caused by trucks and buses: other factors, such as the condition of the surface, the construction and maintenance of the road, and external influences such as weather conditions, (and so on) also contribute to the road degradation. Although trucks and buses may have a greater impact, it is part of a more complex and comprehensive set of problems.

Therefore, the situation should not be looked simplistically; one can rediscover and rename the debating point about rehabilitation or reconstruction of the roads. There are several alternative solutions that can help reduce road degradation. They include: improved building and materials; using more resistant concrete or asphalt surfaces; increased inspection and road maintenance (regular control and repair, such as hole filling, improves the durability and reduces more serious dangers of degradation); regulation and planning (rigorous regulation of trucks and buses, including restrictions on weight and repeated tracks, and strategic road network planning, can reduce the negative impact of these cars on the roads), etc.

fervojan trakon, kiu estas pli larĝa ol normalaj vojoj, kaj ofte havas specajn trakojn konstruitajn por porti kaj distribuu la pezon de trajnoj. La pli granda distribuo de pezo sur la trajnvojoj helpas redukti la premon kaj malegalecon sur la surfaco de la vojoj.

Tamen, gravas kompreni ke la degradado de vojoj ne estas nur kaŭzita de kamionoj kaj busoj: ankaŭ aliaj faktoroj, kiel la kondiĉo de la surfaco, la konstruaĵo kaj entreteno de la vojo, kaj eksteraj influoj kiel veteraj kondiĉoj, (kaj tiel plu) kontribuas al la vojdegradado. Kvankam kamionoj kaj busoj povas havi pli grandan efikon, ĝi estas parto de pli kompleksa kaj ampleksa problemaro.

Tial, oni ne devas rigardi la situacion simpliste, oni povas enretrovi kaj reenoficigi la debatan punkton pri rekapabligo aŭ rekonstruo de la vojoj. Ekzistas pluraj alternativaj solvoj, kiuj povas helpi malpliigi la degradadon de vojoj. Ili inkluzivas: plibonigita konstruaĵo kaj materioloj; uzado de pli rezistantan betonon aŭ asfaltan surfason; pligrandigita inspekto kaj entreteno (regula kontrolo kaj riparado de vojoj, kiel plenigo de truoj, plibonigas la daŭrecon kaj reduktas pli gravajn danĝerojn de degradado); reguligeco kaj planado (rigoroza reguligo de kamionoj kaj busoj, inkluzive de limigoj pri pezo kaj ripetitaj trakoj, kaj strategia planado de vojretoj, povas redukti la negativan efikon de tiuj aŭtoj sur la vojoj), ktp.

But one thing is true: use of alternative transports are also solutions. Promoting the use of rail or other alternative means of transport, such as shipping or air transport, can reduce the burden on roads and reduce degradation.

Either way: why are cars or buses (for people) or trucks (for commercial items) used more often than trains? What is the real reason or the real problem of trains? In our society, we are always looking for economic profit, so, in particular, there really should be *a problem* with trains that we did not see during the exposition in previous paragraphs.

Is it...? Perhaps the real *problem* is the different widths of the railway tracks, especially in Europe, Asia and Africa. (Yes. Still!). So, for example in Spain (actually, in the whole Iberian peninsula) the width of the railway tracks is 1668 millimeters but the international width is only 1435 millimeters. This means that the Portuguese and Spanish trains cannot travel through France or any other European country. And vice versa, trains from European countries cannot go through to Spain and, of course, to Portugal.

On the other hand, it should also be noted that this is also a problem in other countries such as India, Russia's neighboring countries (most of them, but not all), almost all African countries... and several other places in the world.

Sed unu afero estas vera: uzo de alternativaj transportoj estas ankaŭ solvoj. Promocii uzon de fervoj aŭ aliaj alternativaj transportaj medioj, kiel ekzemple ŝiptransporto aŭ aertransporto, povas redukti la ŝarĝon sur vojoj kaj malpliigi la degradadon.

Iukase: kial aŭtoj aŭ aŭtobusoj (por gehomoj) aŭ kamionoj (por komercaĵoj) estas uzata pli ofte ol trajnoj? Kio estas la vera kialo aŭ la vera problemo de trajnoj? Ĉe nia societo, oni ĉiame serĉas ekonomikan profiton, do, precipe, vere *problemo* devus ekzisti ĉe trajnoj, kiujn oni ne ekvidis dum la ekspozado en antaŭaj paragrafoj.

Ĉu...? Eble la vera *problemo* estas la diferaj larĝecoj de la fervojaj trakoj, precipe en Eŭropo, Azio kaj Afriko. (Jes. Ankoraŭ!). Do, ekzemple en Hispanio (fakte, en la tuta Iberia duoninsulo) la larĝeco de la fervojaj trakoj estas 1668 milimetroj sed la internacia larĝeco estas nur 1435 milimetroj. Tio signifas ke la Portugalaj kaj Hispanaj trajnoj ne povas traveturi en Francion aŭ en iun alian Eŭroplandon. Kaj inverse, trajnoj el Eŭroplandoj ne povas traveturi en Hispanion kaj, sen diri, en Portugalion.

Alieflanke, oni devas ankaŭ rimarki ke ĉi tiu estas ankaŭ problemo en aliaj landoj kiel Barato, Rusiaj najbaraj landoj (ordinare, sed ne ĉiuj), preskaŭ tutaj la Afrikaj landoj... kaj sufiĉaj aliaj lokoj el la mondo.

Width of railways, or more correctly: the track gauge, is illustrated in Illustration 1. The gauge is an important parameter of railway tracks. It is the distance between the inner sides of the rail heads of a railway. The word *ŝpuro* is defined by the Terminara Komisiono el la Internacia Fervojista Esperanto-Federacio (IFEF). [TN: Terminology Commission of the International Railway Esperanto Federation].

Belgium, the Netherlands, France, Germany, and several other countries from Europe use 1435 mm (standard track gauge in most of Europe), as well as the United States, Canada and Mexico, where 4 feet and 8½ inches is used (that is: 1435 mm).

But on the Iberian peninsula (Spain and Portugal) 1668 mm is used. In Ireland: 1600 mm. In Russia, Ukraine, and other countries from the former Soviet Union: 1520 mm.

In Ireland and Northern Ireland: 5 feet 3 inches (1600 mm). In Scotland: 4 feet 6 inches (1372 mm). In Switzerland: 1000 mm and 1435 mm (at various railways). In Sweden: 891 mm, etc.

In addition, in India, various track gauges are used, including 1676 mm and 1000 mm. In China, various track gauges are also used, including 1435 mm, 1520 mm, and 1000 mm. In Australia, the standard track gauge is 1435 mm, but there are also different track gauges in different regions of the country.

Larĝeco de fervojoj, aŭ plijuste: la ŝpuro, estas estas ilustrita en la Ilustraĵo 1. Ŝpuro estas grava parametro de fervoja trako. Ĝi estas la distanco inter la enaj flankoj de la relkapoj de fervojo. Tiu vorto (ŝpuro) estas difinita per la Terminara Komisiono el la Internacia Fervojista Esperanto-Federacio (IFEF).

Belgio, Nederlando, Francio, Germanio, kaj pluraj aliaj landoj el Eŭropo uzas 1435 mm (norma trakmezuro en plejparto de Eŭropo), samkiel Usono, Kanado kaj Meksiko, kie oni uzas: 4 futoj kaj 8½ coloj (tio estas: 1435 mm).

Sed ĉe la Ibera duoninsulo (Hispanio kaj Portugalio) 1668 mm estas uzata. En Irlando: 1600 mm. En Rusio, Ukrajno, kaj aliaj landoj el formaj Sovetia Unio: 1520 mm.

En Irlando kaj Norda Irlando: 5 futoj kaj 3 coloj (1600 mm). En Skotlando: 4 ft 6 coloj (1372 mm). En Svislando: 1000 mm kaj 1435 mm (ĉe diversaj fervojoj). En Svedio: 891 mm, ktp.

Krome, en Barato, diversaj trakmezuroj estas uzataj, inkluzive de 1676 mm kaj 1000 mm. En Ĉinujo, ankaŭ diversaj trakmezuroj estas uzataj, inkluzive de 1435 mm, 1520 mm, kaj 1000 mm. Ĉe Aŭstralio, la norma trakmezuro estas 1435 mm, sed ankaŭ ekzistas diversaj trakmezuroj en diversaj regionoj el la lando.

Illustration 1: illustration of the definition of a track gauge [*ŝpuro* in Esperanto]	Ilustraĵo 1: ilustraĵo de la difino de ŝpuro

There are also different gauges in Africa, according to the countries: in South Africa 3 feet and 6 inches (1067 mm) are mostly used but there

Ankaŭ en Afriko ekzistas diversaj trakmezuroj uzataj laŭ la landoj: en Sudafriko oni uzas plejparte 3 futoj kaj 6 coloj (1067 mm) sed ankaŭ ekzistas

are also different gauges in different regions.

In Algeria, Egypt, and Morocco: 1435 mm gauge is used on some lines (including the Cairo-Alexandria line, and the Algiers-Constantine line) but other gauges also exist in those countries. Different gauges are also used in Kenya: 1000 mm and 1067 mm; and in Tanzania (for example: 1000 mm in the Tanzania-Central lines, but 1067 mm in the line between Tanzania and Zambia[1]). In Ethiopia 1435 mm is used on the newly built line between Addis Ababa and Djibouti. In Eritrea 950 mm is generally used, etc.

It may be realized that this is an important issue in almost every country in the World!

The variation in track gauges between different countries can present some problems in rail transport. Like, for example: interoperability, limited connections, costs, investments, vehicle limitations, storage, etc.

Interoperability means that, when the track gauges are different between countries, it is difficult or even impossible for trains to cross from one

diversaj trakmezuroj en diversaj regionoj.

En Alĝerio, Egiptio, kaj Maroko: 1435 mm estas uzata ŝpuro sur kelkaj linioj (inkluzive de la Kairo-Aleksandrio linio, kaj la Alĝero-Konstantino linio) sed aliaj ŝpuroj ekzistas ankaŭ en tiuj landoj. Ankaŭ malsamaj ŝpuroj estas uzataj en Kenjo: 1000 mm kaj 1067 mm; kaj en Tanzanio (ekzemple: 1000 mm en la Tanzanio-Centraj linioj, sed 1067 mm en la linio inter Tanzanio kaj Zambio[1]). En Etiopio 1435 mm estas uzata sur la novkonstruita linio inter Adis-Abebo kaj Djibutio. En Eritreo 950 mm estas uzata ĝenerale, ktp.

Oni povas konsciiĝi, ke ĉi tio estas grava afero en preskaŭ ĉiu lando en la Mondo!

La vario en trakmezuroj inter diversaj landoj povas prezenti iom da problemojn en la fervoja transporto. Kiel, ekzemple: neinteroperableco, limigitaj konektoj, kostoj, investoj, limigoj de veturilaro, konservado, ktp.

Neinteroperableco signifas ke, kiam la trakmezuroj estas malsamaj inter landoj, estas malfacile aŭ eĉ neeble por trajnoj transiri de unu lando al alia sen

---

[1]TAZARA train, between the port of Dar es Salaam (Tanzania) and the Zambian city of Kapiri Mposhi.

[1]TAZARA trajno, inter haveno Daresalamo (Tanzanio) kaj la zambia urbo Kapiri Mposhi.

country to another without exchanging or converting the wheels. This can create complications and prevent smooth international rail transport. In addition, when trains have to cross from one gauge to another, for example at borders, it is necessary to separate and re-track the wheels of the train sets. This requires additional time, work and resources. It can also be a potential source of errors or problems. And, to fit trains with different gauges, track modifications may be needed, such as converting the wheels. This not only requires cost and labour, but can also lead to suspension of services during the track modification process, which can prevent regular and uninterrupted train service.

In relation to the limited connections, if the track gauges are different, the railway networks can be limited in relation to connections and development. Railway lines with different gauges can be isolated or unconnected, limiting the potential for efficient and flexible rail transport.

Besides, in terms of costs and efficiency, if more countries use different gauges, the production and supply of trains with different wheel systems can be more costly and less efficient. This can affect the purchase prices of railway equipment, systems and technologies. So, consequently, this affects the price of railway systems and their maintenance. And therefore, it can affect economic development, progress, well-being and even the environment.

interŝanĝi aŭ konverti la radojn. Tio povas krei komplikaĵojn kaj malhelpi senhezitan internacian fervojan transporton. Krom, kiam trajnoj devas transiri de unu trakmezuro al alia, ekzemple ĉe landlimoj, estas necesa disigi kaj retrakigi la radojn de la vagonaroj. Tio postulas plian tempon, laboron kaj resursojn. Ankaŭ ĝi povas esti potenciala fonto de eraroj aŭ problemoj. Kaj, por adapti trajnojn kun malsamaj trakmezuroj, povas esti bezonaj trakmodifoj, kiel ekzemple konvertado de la radoj. Tio ne nur postulas koston kaj laboron, sed ankaŭ povas kaŭzi ĉesigon de servoj dum la trakmodifprocezo, kio povas malhelpi regulan kaj senĉesan trajnsercon.

Rilate al la limigitaj konektoj, se la trakmezuroj estas malsamaj, la fervojaj retoj povas esti limigitaj en rilato al konektoj kaj disvolviĝo. Fervojaj linioj kun malsamaj trakmezuroj povas esti izolitaj aŭ nekonektitaj, limigante la eblon por efika kaj fleksebla fervoja transporto.

Krom, pri kostoj kaj efikeco, se pli da landoj uzas malsamajn trakmezurojn, la produktado kaj provizado de trajnoj kun diversaj radsistemoj povas esti pli kostema kaj malpli efika. Tio povas influi la aĉetprezojn de fervoja ekipaĵo, sistemoj kaj teknologioj. Do, sekve, tio influas la prezon de fervojaj sistemoj kaj ilian prizorgadon. Kaj tial, ĝi povas influi ekonomian evoluon, progreson, la bonstaton kaj eĉ la medion.

Additionally, regarding the investments and exchange, if a country wants to build a new railway system or improve an existing network, the choice of track gauge can have an impact on the capital investments and even require an exchange with other countries for economic and technical synchronization.

Appart from that, the rolling stock limitations mean that different gauges can limit the type and size of vehicles that can be used on the rail networks. There are specific trains and train sets that are adapted for specific track gauges. This can limit the flexibility and choice of vehicle to respond to various transport requirements.

In addition, maintenance of the railway infrastructure is important: different gauges require different styles of railway infrastructure, including the construction and maintenance of tracks, railway stations and other related elements. This requires additional management and investment in the maintenance of infrastructure.

Besides, in relation to communication and cooperation, if countries with different track gauges wish to work together or collaborate on rail transport, they must find solutions for effective communication and coordination between their railway infrastructure, services and operations. This may require additional agreement, standards and protocols to make joint operation decisions.

Aldone, koncerne la investoj kaj interŝanĝo, se lando volas konstrui novan fervojaron aŭ plibonigi ekzistantan reton, la elekto de trakmezuro povas havi impakton sur la kapitalinvestoj kaj eĉ postulu interŝanĝon kun aliaj landoj por ekonomia kaj teknika kunsincronigo.

Alieflanke, la limigoj de veturilaro signifas ke malsamaj trakmezuroj povas limigi la tipon kaj grandon de veturiloj, kiuj povas esti uzataj sur la fervojaj retoj. Ekzistas specifaj trajnoj kaj vagonaroj, kiuj estas adaptitaj por difinitaj trakmezuroj. Tio povas limigi la flekseblecon kaj elekto de veturilaro por respondi al diversaj transportpostuloj.

Krome, konservado de la fervoja infrastrukturo gravas: malsamaj trakmezuroj postulas malsamajn stilojn de fervoja infrastrukturo, inkluzive de la konstruo kaj prizorgado de trakoj, fervojaj stacioj kaj aliaj rilataj elementoj. Tio postulas plian administradon kaj investon en la konservadon de la infrastrukturo.

Alieflanke, rilate al komunikado kaj kunlaboro, se landoj kun malsamaj trakmezuroj deziras kune labori aŭ kunlabori pri fervoja transporto, ili devas trovi solvojn por efika komunikado kaj koordinado inter siaj fervoja infrastrukturo, servoj kaj operaciaro. Tio povas postuli plian interkonsenton, normojn kaj protokolojn por fari komunajn operaciodecidojn.

As described in the previous paragraphs, the problems related to different gauges in rail transport can have an impact on the efficiency, flexibility and international connectivity of the rail network.

One can naively think that there are two simple solutions:

First alternative: The first alternative would be to build or change the existing railway tracks to have the standard international width of 1435 millimeters. This would mean a large project of international cooperation and investment to modify the existing infrastructures.

The main advantage is that this would facilitate international connectivity, exchange of trains and simplify the transition between different countries and regions with few restrictions.

But huge disadvantages occur: it would require enormous cost, time and labor to change the vast track network in the world. There could also be conflicts and difficulties related to borders, political decisions, and practical feasibility in various terrains and conditions. And, during the entire time that the train track replacement works are ongoing, many train services would have to be suspended, so consequential economic and social costs would occur.

A second alternative would be to manufacture locomotives with bogies of variable width, or variable bogies, or some other similar mechanism that allows the movement of a railway on rails of different tracks. This would

Kiel priskribite en la antaŭaj alineoj, la problemoj rilatitaj al malsamaj trakmezuroj en la fervoja transporto povas havi impakton sur la efikeco, fleksebleco kaj internacia konekteco de la fervoja reto.

Oni povas naive pensi ke du simplaj solvoj ekzistas:

Unua alternativo: La unua alternativo estus konstrui aŭ ŝanĝi la ekzistantajn fervojajn trakojn por havi la norman internacian larĝecon de 1435 milimetroj. Tio signifus grandan projekton de internacia kooperado kaj investo por modifi la ekzistantajn infrastrukturojn.

La ĉefa avantaĝo estas ke tio faciligus internacian konektecon, interŝanĝon de trajnoj kaj simpligus la transiron inter malsamaj landoj kaj regionoj kun malmultajn limigojn.

Sed grandegaj malavantaĝoj okazas: tio postulus enorman koston, tempon kaj laboron por ŝanĝi la vastan trakreton en la mondo. Ankaŭ povus esti konfliktoj kaj malfacilaĵoj rilate al landlimoj, politikaj decidoj, kaj praktika realigebleco en diversaj terenoj kaj kondiĉoj. Kaj, dum la tuta tempo kiam daŭras la laboroj de trajna fervojŝanĝo, multaj trajnservoj devus esti suspenditaj, do konsekvencaj ekonomiaj kaj sociaj kostoj okazus.

Dua alternativo estus fabriki lokomotivojn kun boĝioj de varia larĝeco, aŭ ŝanĝiĝemaj turnstabloj, aŭ iu alia simila meĥanismo kiu permesas la movon de fervojo sur reloj de malsamaj ŝpuroj. Tio signifus, ke

mean that a locomotive could use several widths of tracks without having to change the tracks themselves.

Advantage: this would give more flexibility and allow locomotives to move between different countries and regions without major track modifications. This could reduce the need to change the existing infrastructure.

Disadvantages: the construction of these locomotives with bogies of variable width could be more expensive than building constant width locomotives. There could also be practical problems with the exchange of bogies and a more complicated technical arrangement of the locomotives; because those mechanisms are complex and that can cause more possibilities of failures and errors to appear in the systems.

In particular, there are other solutions, such as the alternatives made by Swiss industries. For example, they use mechanisms like "good fit wheels" or "actuable track" to adapt locomotives to different widths of tracks. However, all alternatives have their own problems and consequences that must be considered. Like, for example: costs, compatibility, technological problems, management and regulation, etc.

About the costs: The construction or change of the tracks or the manufacture of special locomotives with bogies of variable width could require high and continuous investments. Not only for manufacturing, but also for maintenance and repairs. This could mean

meĥanismo de lokomotivo povus uzi plurajn larĝecojn de trakoj sen bezone ŝanĝi la trakojn mem.

Avantaĝo: tio donus pli da fleksebleco kaj permesus lokomotivojn moviĝi inter malsamaj landoj kaj regionoj sen grandaj trakmodifoj. Tio povus redukti la neceson rilatata al ŝanĝo de la ekzistanta infrastrukturo.

Malavantaĝoj: la konstruo de tiuj lokomotivoj kun boĝioj de varia larĝeco povus esti pli kostosa ol konstrui konstantlarĝajn lokomotivojn. Ankaŭ povus esti praktikaj problemoj kun la interŝanĝo de boĝioj kaj pli komplika teknika aranĝo de la lokomotivoj; ĉar tiuj mekanismoj estas kompleksaj kaj tio povas kaŭzi pli da eblecoj de misfunkciadoj kaj eraroj aperi en la sistemoj.

Aparte, ekzistas aliaj solvoj, kiel la alternativoj faritaj de svislandaj industrioj. Ekzemple, ili uzas meĥanismojn kiel "bontaŭgaj radoj" aŭ "aktivebla ŝpuro" por adapti lokomotivojn al malsamaj larĝecoj de trakoj. Tamen, ĉiuj alternativoj havas siajn proprajn problemojn kaj konsekvencojn, kiuj devas esti konsiderataj. Kiel, ekzemple: kostoj, kompatibileko, teknologiaj problemoj, administrado kaj regulio, ktp.

Pri la kostoj: La konstruo aŭ ŝanĝo de la trakoj aŭ fabrikado de specialaj lokomotivoj kun boĝioj de varia larĝeco povus postuli altajn kaj daŭrajn investojn. Ne nur pro fabrikado, sed ankaŭ pro prizorgado kaj riparoj. Tio

important economic and financial concerns.

Regarding the compatibility and interchangeability: even if alternatives are developed, ensuring a sufficient flow of trains and facilitating international transportation would only be achieved if different countries and railway networks were interchangeable and compatible. Additionally, this could require standards, agreements, international treaties, etc.

Regarding the technological problems, the more complicated mechanisms and adaptation of locomotives could be technically more difficult and require additional care and expertise for the railway operator.

Also, in terms of management and regulation, the high-level coordination between different countries and railway operators would be necessary to effectively solve the problems of different track gauges. That could involve more administration, regulation and agreements.

The choice of solutions is related to many factors, including economic, political, technological and practical considerations. Careful research, agreement and international cooperation are needed to find the most effective and practical solutions to deal with the problems related to different gauges in rail transport.

We can also mention similar and different solutions for this problem. But each chosen alternative will induce

povus esti gravaj ekonomiaj kaj financaj koncernoj.

Rilate al la kompatibileco kaj interŝanĝebleco: eĉ se alternativoj estas evoluigitaj, certigi sufiĉan fluon de trajnoj kaj faciliti internacian transportadon estus nur atingata se malsamaj landoj kaj fervojaj retoj estus interŝanĝeblaj kaj kompatibileblaj. Aldone, tio povus postuli normojn, akordojn, interlandajn konsentojn, ktp.

Koncerne la teknologiaj problemoj, la pli komplikaj mehanismoj kaj adaptado de lokomotivoj povus esti teknike pli malfacilaj kaj postuli plian zorgadon kaj spertizon por la fervoja operaciaro.

Alieflanke, pri administrado kaj reguligo, la altnivela koordinado inter malsamaj landoj kaj fervoja operaciaro estus necesa por efektivege solvi la problemojn de malsamaj trakmezuroj. Tio povus involvi pli da administraĵo, reguligo kaj interkonsento.

La elekto de solvoj rilatas al multaj faktoroj, inkluzive de ekonomiaj, politikaj, teknologiaj kaj praktikaj konsideroj. Oni necesas zorga esplorado, interkonsento kaj internacia koperado por trovi la plej efikajn kaj praktikajn solvojn por trakti la problemojn rilatajn al malsamaj trakmezuroj en la fervoja transporto.

Aparte, oni povas ankaŭ mencii alinombreblajn similajn kaj malsimilajn solvojn por ĉi tiu problemo. Sed ĉiu elektita alternativo induktos aliajn

other problems of its own which will be related to the main problem:

The system is already up and running.

Is "the system already up and running"? It is! i.e.: there is already a system -or procedure- in which the entire railway structure is based.

Therefore, changing that whole system would mean a huge investment of money, time, missed opportunities, energy, losses also from a social point of view, and a long list of other disadvantages.

In addition, this would mean an engineering work whose scope and caliber would be enormous.

Changing the gauge of the railway system all over the world or using variable bogies would mean a gigantic investment of money, time and resources. Such a change would be unprecedented in its scope and would require multidirectional planning, international cooperation, political consensus and great consideration of technological, economic, social and practical aspects. The impact of this change would be felt at all levels of the rail industry and its users.

There would be great economic impacts. The investment in changing the track gauge would be enormous, including the construction or modification of thousands of kilometers of railways across various countries and regions. This would require significant financial responsibility and

problemojn sin mem kiujn estos rilata al la ĉefa problemo:

La sistemo jam estas funktianta.

Ĉu «La sistemo jam estas funktianta»? Jes! tio estas: jam estas sistemon –aŭ procedado– en kiu estas bazata la tuta fervoja strukturo.

Tial, ŝanĝigado de tiu sistemo signifus grandegan inversion da mono, da tempo, da maltrafitaj ŝancoj, da energio, perdoj ankaŭ el socia vidpunkto, kaj longa listo de aliaj malavantaĝoj.

Krome, tio estus inĝenieristiko kies grandeco kaj kalibro estus grandega.

Ŝanĝigado de la trakmezuro en la tuta mondo de la fervoja sistemo aŭ uzado de ŝanĝiĝemaj turnstabloj signifus gigantan inversion da mono, tempo kaj resursoj. Tia ŝanĝo estus senprecedenta en sia amplekso kaj postulus multidirekta planado, internacia koperado, politikaj konsentoj kaj grandan konsideron pri teknologiaj, ekonomiaj, sociaj kaj praktikaj aspektoj. La efiko de tiu ŝanĝo estus sentata sur ĉiuj niveloj de la fervoja industrio kaj ĝiaj geuzantoj.

Ekzistus grandaj ekonomiaj impaktoj. La investo en ŝanĝado de la trakmezuro estus enorma, inkluzive de konstruo aŭ modifo de miloj da kilometroj de fervojoj tra diversaj landoj kaj regionoj. Tio postulus signifan financan respondecon kaj partoprenon de la ŝtatoj, fervoja operaciaro kaj aliaj interesataj partioj.

participation from the states, railway operators and other interested parties.

Additionally, the expenditure of money and resources for this huge project could compete with other important social and economic needs.

The change of the track gauge would also require a lot of time. The construction and modification of the tracks could not happen in one day. During that period, no trains could circulate, which would mean a significant disruption to railway transportation and the need to find alternative routes and transport solutions to supply the needs of people and cargo movements.

The energetic aspect of such a change should not be neglected. The construction and modification of the tracks, together with the movement of buildings, equipment and materials, would require a large amount of energy. Such a huge project would necessarily face Global Warming and other environmental consequences. The input and output effects of the construction itself could also have adverse effects on the natural environment, including terrain and biological systems and ecosystems.

Socially, the change of the track gauge would affect the social life and relationships of people. Rail transport is not only a commercial and industrial source of movement, but also a space for relationships and social gatherings. The change could mean additional stress for users, reorganization of

Aldone, la dispendo de mono kaj rimedoj por tiu grandega projekto povus konkuradi kun aliaj gravaj sociaj kaj ekonomiaj bezonoj.

La ŝanĝo de la trakmezuro ankaŭ postulus grandan tempon. La konstruado kaj modifo de la trakoj ne povus okazi en unu tago. Dum tiu periodo, neniu trajno povus cirkuli, kio signifus signifan maltrafiton de fervoja transporto kaj la neceso trovi alternativajn vojojn kaj transportajn solvojn por substreki la movadon de gehomoj kaj ŝarĝoj.

La energia aspekto de tia ŝanĝo ne estu nezorgota. La konstruado kaj modifo de la trakoj, kune movado de konstruaĵoj, ekipaĵoj kaj materialoj, postulus grandan kvanton da energio. Tiel grandega projekto estus nepre aspektanta Tutmondan Varmiĝon kaj aliajn mediajn konsekvencojn. La eniraj kaj elsorĉaj efikoj de la konstruado mem ankaŭ povus havi malavantaĝajn efikojn sur la natura medio, inkluzive de tereno kaj biologiaj sistemoj kaj ekosmoj.

Socie, la ŝanĝo de la trakmezuro influus la socian vivon kaj rilatojn de gehomoj. Fervoja transporto estas ne nur komerca kaj industria fonto de moviĝo, sed ankaŭ spaco por interrilatoj kaj sociaj renkontiĝoj. La ŝanĝo povus signifi aldonan streĉon por geuzantoj, reorganizadon de transportaj rutoj kaj

transport routes and interconnection, and the need to adapt to a new railway environment. The railway workforce too, including conductors, repairmen and other professional groups, could face new requirements, qualifications and changed working relationships.

It would also be important to focus on standards, agreements and international regulation. The compatibility and interchangeability between different countries and railway networks would be essential to ensure a sufficient flow of trains and facilitate international transportation. That would mean serious international agreements, and regulations on track gauges, roads, buildings and operating equipment. The arrangement of such an exchange would require a strict and coherent board, which could be complicated and require more administration, regulation and agreement.

While the choice of solutions for the problem of different gauges in rail transport is essential, it must be viewed with a critical perspective.

The size of the project and the difficulties it may present must be taken care of. Also alternative solutions, such as the use of compatibility locomotives or adaptable mechanisms, can have their own problems and requirements. The goal is to find the most efficient and practical solution that takes into account the various aspects and needs of the railway system.

interkonektado, kaj la bezonon por adaptiĝi al nova fervoja medio. Ankaŭ la fervoja laboristaro, inkluzive de kondukistoj, riparistoj kaj aliaj profesiaj grupoj, povus enfronti novajn postulojn, kvalifikojn kaj ŝanĝitajn laborrilatojn.

Estus ankaŭ grave koncentriĝi pri normoj, akordoj kaj internacia reguligo. La kompatibileco kaj interŝanĝebleco inter malsamaj landoj kaj fervoja retoj estus esencaj por certigi sufiĉan fluon de trajnoj kaj faciligi internacian transportadon. Tio signifus seriozajn interlandajn konsentojn, akordojn kaj reguligojn pri trakmezuroj, vojoj, konstruaĵoj kaj operaciaro. La aranĝo de tia interŝanĝo postulus striktan kaj koheran estraĵaron, kiu povus esti komplika kaj postuli pli da administraĵo, reguligo kaj interkonsento.

Dum la elekto de solvoj por la problemo de malsamaj trakmezuroj en la fervoja transporto estas esenca, ĝi devas esti rigardita kun kritika perspektivo.

La grandeco de la projekto kaj la malfacilaĵoj, kiujn ĝi povas prezenti, devas esti prizorgataj. Ankaŭ alternativaj solvoj, kiel la uzado de kompatibilecaj lokomotivoj aŭ adapteblaj meĥanismoj, povas havi siajn proprajn problemojn kaj postulojn. La celo estas trovi la plej efikan kaj praktikan solvon, kiu konsideras la diversajn aspektojn kaj bezonojn de la fervoja sistemo.

This would require careful research, agreement and international cooperation to achieve common ground and improve rail transport worldwide.

In conclusion, consequently and corollarily: it is already not possible to change the system. Changing it would be highly impracticable because the system *is already in operation.*

In this case, in relation to the trains: changing train track gauges would be impracticable and complex, because the different tracks are already built and trains are already circulating on them.

In short: despite the great possibilities and advantages offered by railways, (such as safety, the ease of mobility, the small expenditure of energy and money compared to other transportation modes, and all the other characteristic qualities offered by the railway), the existing system remains. So, the effective and potential use of railways is limited. The current system is fixed and difficult to change: the system is already functioning.

We generally cannot take advantage of several of its qualities and all the great potentials because «The system is already functioning». The *historical circumstances* shape today's reality.

Tio postulus zorgan esploradon, interkonsenton kaj internacian koperadon por atingi komunaĵon kaj plibonigi la fervoja transporto Tutmonde.

Konklude, konsekvence kaj korolarie: oni jam ne povos ŝanĝigi la sistemon. Ĝia ŝanĝigado estus forte malebla ĉar tiu sistemo *jam estas funkcianta.*

Ĉi tiu kaze, rilate al la trajnoj: ŝanĝigado de trakŝpuroj estus malebla kaj kompleksa, ĉar la diferaj trakoj jam estas konstruitaj kaj trajnoj jam cirkulas sur ĝi.

Resume: malgraŭ la grandaj la grandaj oferteblaj eblecoj kaj avantaĝoj de la fervojoj, (kiel la sekureco, la facileco de movebleco, la malgranda elspezo da energio kaj mono kompare al aliaj modoj de transportado, kaj ĉiuj aliaj karakteraj kvalitoj oferataj de la fervojo), la ekzistanta sistemo restas. Do, la efika kaj potenciala uzado de fervojoj estas limigata. La nuntempa sistemo estas fiksata kaj malfacile ŝanĝebla: la sistemo jam funkcias.

Oni ĝenerale ne povas profiti plurajn el siajn kvalitecojn kaj la tutajn grandajn potencialojn ĉar «La sistemo jam estas funktianta.» La *historia cirkonstancoj* condiĉas la hodiaŭan realecon.

References and Further Reading

If readers wish to better know the issues related to the width of railway tracks (track) in Spain; there is a Spanish virtual newspaper archive on the Internet. Sufficient information can be found at:

- http://www.elpais.com/articulo/econ omia/Fomento/prepara/adaptacion/red/ ferroviaria/ancho/internacional/elpepu eco/20070430elpepieco_3/Tes

However, it can only be found in Spanish. There are no versions or translations to English.

In any case, there are probably similar articles in other newspaper archives from around the world that can be consulted in other languages. Not only in relation to changing the gauge of tracks in Spain, but also about similar changes or arrangements in other countries. Because, as already shown in this chapter, this is a problem in many countries around the world.

Additional information about the width of railway track gauges can be found in English in:

- https://en.wikipedia.org/wiki/Track_ gauge

where the following illustration can be found:

Pliigaraĵoj kaj referencoj

Se la gelegantoj deziras plibone koni la aferojn rilate al la ŝanĝigado de larĝeco de fervojaj trakoj (ŝpuro) en Hispanio; ekzistas hispana virtuala gazetoteko en interreto. Sufiĉan informacion oni trovas ĉe:

- http://www.elpais.com/articulo/econo mia/Fomento/prepara/adaptacion/red/fer roviaria/ancho/internacional/elpepueco/ 20070430elpepieco_3/Tes

Tamen ĝi estas nure trovebla en Hispana lingvo. Ne ekzistas versioj aŭ traduktaĵoj en Esperanto.

Iukase, probable ekzistas samaspektaj artikoloj en aliaj gazetotekoj el la mondo kiuj povas esti konsultotaj en aliaj lingvoj. Ne nur rilate al la ŝanĝigado de ŝpuro de trakoj en Hispanio, sed ankaŭ pri similaj ŝanĝoj aŭ aranĝoj alielande. Ĉar, kiel jam elmontrite en ĉi tiu ĉapitro, ĉi tio estas problemo en multaj landoj en la mondo.

Aldona informacio pri larĝeco de fervojaj trakoj povas esti trovita en Esperanto ĉe:

- https://eo.wikipedia.org/wiki/%C5% 9Cpuro

kie la sekva ilustraĵo povas esti vidita:

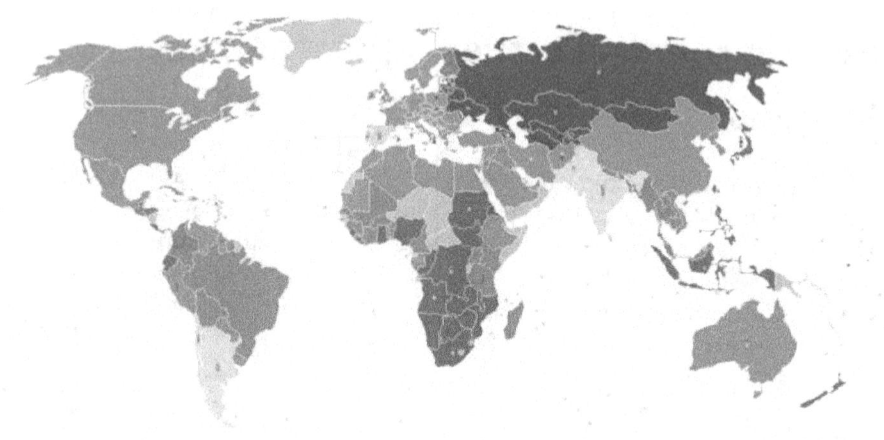

mm	1676	1668	1600	1524	1520	1435	1372	1067	1050	1000	950	914	762	750	610	600
ft in	5'6"	5'5.67"	5'3"	5'	4'11.8"	4'8.5"	4'6"	3'6"	3'5.3"	3'3.4"	3'1.4"	3'	2'6"	2'5.5"	2'	1'11.6"

<table>
<tr><td>

Illustration 2: Track gauges around the world. Available at https://commons.wikimedia.org/wiki /File:Rail_gauge_world.svg

</td><td>

Ilustraĵo 2: ŝpuroj el la mondo. Videbla ĉe https://commons.wikimedia.org/wiki /File:Rail_gauge_world.svg

</td></tr>
</table>

This illustration (which appears in color on the Internet) shows that there are numerous track gauges around the world. This means that the problem that was described in this chapter is not limited only to the borders between a few neighboring countries. Actually this is a real problem, all over the world!

Other languages on the same website have a similar and more detailed article [about the subject]. The links to the articles in other languages are easy to find on the *Wikipedia* website.

En ĉi tiu ilustraĵo (kiu aperas kolore en la Interreto) videblas ke ekzistas multnombraj ŝpuroj tra la mondo. Tio signifas ke la problemo kiu estis priskribita en ĉi tiu ĉapitro, ne limiĝas nur al la limoj inter kelkaj najbaraj landoj. Efektive ĉi tio estas vera problemo, ĉie en la mondo!

Aliaj lingvoj en sama retpaĝaro havas similan kaj plidetalan artikolon (la liĝiloj al la artikoloj en aliaj lingvoj estas facile trovebla en la retpaĝaro de *Vikipedio*).

If the reader wants to delve deeper into variable track gauge widths, related articles can be found at:

• http://en.wikipedia.org/wiki/Dual_gauge

and

• http://en.wikipedia.org/wiki/Variable_gauge_axles

English language readers will be able to find many books and other sources that deal with the subject of train tracks and related problems. Here are some suggested sources that may be useful for more information:

• Rolf Goedecke, Stephan Freudenstein, et al., "The Railway Track and Its Long Term Behaviour: A Handbook for a Railway Track of High Quality".

• J. S. Mundrey, "Railway Track Engineering".

• American Public Transportation Association (APTA), "Track Design Handbook for Light Rail Transit".

• Christopher Woodbridge, "Principles of Railway Track Engineering".

• R. D. Westgate, "Track and Train: The Railway Track and Its Long Term Behaviour".

There are also useful websites and public documents where information about train track gauges can be found as

Se la geleganto volas profundiĝi pri varia largeco de trakoj, rilataj artikoloj estas trovata ĉe:

• http://en.wikipedia.org/wiki/Dual_gauge

kaj

• http://en.wikipedia.org/wiki/Variable_gauge_axles

Sed ambaŭ retpaĝoj ankoraŭ ne ekzistas en esperanto, en 2023.

Gelegantoj sciante angla lingvo povos trovi multajn librojn kaj aliaj fontoj, kiuj traktas la temon de trajnoŝpuroj kaj rilataj problemoj. Jen kelkaj sugestitaj fontoj kiuj povas esti utilaj por pli da informo (nur en la angla lingvo):

• Rolf Goedecke, Stephan Freudenstein, et al., "The Railway Track and Its Long Term Behaviour: A Handbook for a Railway Track of High Quality".

• J. S. Mundrey, "Railway Track Engineering".

• American Public Transportation Association (APTA), "Track Design Handbook for Light Rail Transit".

• Christopher Woodbridge, "Principles of Railway Track Engineering".

• R. D. Westgate, "Track and Train: The Railway Track and Its Long Term Behaviour".

Estas ankaŭ utilaj retejoj kaj publikaj dokumentoj, kie informoj pri trajnoŝpuroj povas esti trovitaj kaj

well as related problems. Here are some suggested sources:

• UIC (Union Internationale des Chemins de Fer) - The official website of the international railway union, which provides technical documents and information about train tracks: https://uic.org

• International Railway Journal (IRJ) - Railway magazine with current news and articles on rail transport and infrastructure: https://www.railjournal.com

• RailTech - A website with news and information about rail technology and infrastructure: https://www.railtech.com

There are some specific books and articles specifically related to train tracks and international unity that deal with the different gauges and the challenges of international unity in the railway sector:

• Tom Scott, "The Global Track: Gauges, Standards, and the Making of the International Railway".

In this book, the author explores the history and political aspects of the different gauges and the international attempts to unify them.

• Gordon Bannerman, "Railways and International Politics: Paths of Empire, 1848-1945".

This book investigates the relationships between the railway network and the political situation during the period from 1848 to 1945, and how the

---

ankaŭ rilataj problemoj. Jen kelkaj sugestitaj fontoj:

• UIC (Union Internationale des Chemins de Fer) - La oficiala retejo de la internacia fervojista unuigado, kiu provizas teknikajn dokumentojn kaj informojn pri trajnoŝpuroj: https://uic.org

• International Railway Journal (IRJ) - Fervojista revuo kun aktualaj novaĵoj kaj artikoloj pri fervoja transporto kaj infrastrukturo: https://www.railjournal.com

• RailTech - Retejo kun novaĵoj kaj informoj pri fervoja teknologio kaj infrastrukturo: https://www.railtech.com

Specife rilatante al trajnoŝpuroj kaj internacia unueco, jen kelkaj specifaj libroj kaj artikoloj, kiuj traktas la malsamajn mezurilojn kaj la defiojn pri internacia unueco en la fervojista sektoro:

• Tom Scott, "The Global Track: Gauges, Standards, and the Making of the International Railway".

En ĉi tiu libro, la aŭtoro esploras la historion kaj politikajn aspektojn de la malsamaj mezuriloj kaj la internaciaj provoj unui ilin.

• Gordon Bannerman, "Railways and International Politics: Paths of Empire, 1848-1945".

Ĉi tiu libro esploras la interrilatojn inter fervojista reto kaj politika situacio dum la periodo de 1848 ĝis 1945, kaj kiel la

different gauges were influenced by political and economic interests.

• Arndt Verl, "Railway Gauges and Globalization: The Impact of Measurement Standards on World Trade".

In that article, the author analyzes the relationship between railroad gauges and international trade, and how the different gauges affect cargo transportation and the commercial relations between countries.

• WW Tomlinson, The North Eastern Railway, its Rise and Development, Andrew Reid & Co, Newcastle upon Tyne, 1915

• Nicholas Wood, A Practical Treatise on Rail-Roads, Longman, Orme, Brown, Green and Longmans, London, Third edition, 1838

• Anna Chmielowiec-Jesionkowska and Anna Wieczorek "Standardization and Unification in Railway Track Gauge".

This article explores the various strategies and attempts to unify the railway gauge around the world, and the challenges they face.

• https://www.washingtonpost.com/news/wonk/wp/2015/05/14/the-safest-and-deadliest-ways-to-travel

In that article, the author analyzes the safety of rail transport.

malsamaj mezuriloj estis influitaj de politikaj kaj ekonomiaj interesoj.

• Arndt Verl, "Railway Gauges and Globalization: The Impact of Measurement Standards on World Trade".

En tiu artikolo, la aŭtoro analizas la rilaton inter fervojista mezurilo kaj la internacia komerco, kaj kiel la malsamaj mezuriloj influas la transportadon de varoj kaj la komercajn rilatojn inter landoj.

• W W Tomlinson, The North Eastern Railway, its Rise and Development, Andrew Reid & Co, Newcastle upon Tyne, 1915

• Nicholas Wood, A Practical Treatise on Rail-Roads, Longman, Orme, Brown, Green and Longmans, London, Third edition, 1838

• Anna Chmielowiec-Jesionkowska kaj Anna Wieczorek "Standardization and Unification in Railway Track Gauge".

Ĉi tiu artikolo esploras la diversajn strategiojn kaj provojn por unui la fervojistan mezurilon traŭ la mondo, kaj la defiojn kiujn ili renkontas.

• https://www.washingtonpost.com/news/wonk/wp/2015/05/14/the-safest-and-deadliest-ways-to-travel

En tiu artikolo, la aŭtoro analizas la sekurecon de fervoja transporto.

- https://injuryfacts.nsc.org/home-and-community/safety-topics/deaths-by-transportation-mode

An article from the US *Injury Facts website*, where the safety of transportation in the United States is analyzed for various transportation systems.

- https://international-railway-safety-council.com/safety-statistics

An article from the website of the International Railway Safety Council, where the safety of transport in Europe is analyzed for various transport systems.

In the next two pages of the book, an illustration from the *Wikipedia* website is shown where the different tracks around the world may be seen.

- https://injuryfacts.nsc.org/home-and-community/safety-topics/deaths-by-transportation-mode

Artikolo el la retpaĝaro de *Injury Facts* el Usono, kie la sekureco de transportado en Usono estas analizita por diversaj transportsistemoj.

- https://international-railway-safety-council.com/safety-statistics

Artikolo el la retpaĝaro de la Internacia Fervoja Sekureca Konsilio, kie la sekureco de transportado en Europo estas analizita por diversaj transportsistemoj.

En la sekvaj du paĝoj de la libro, ilustraĵo el la retpaĝaro de *Vikipedio* estas montrata kie oni povas vidi diferajn ŝpurojn el la mondo.

Vidu kolore ĉe: / See in color in:

https://upload.wikimedia.org/wikipedia/commons/5/59/World_RR_Gauge_Map.agr.png

kaj/and

https://en.wikipedia.org/wiki/List_of_track_gauges

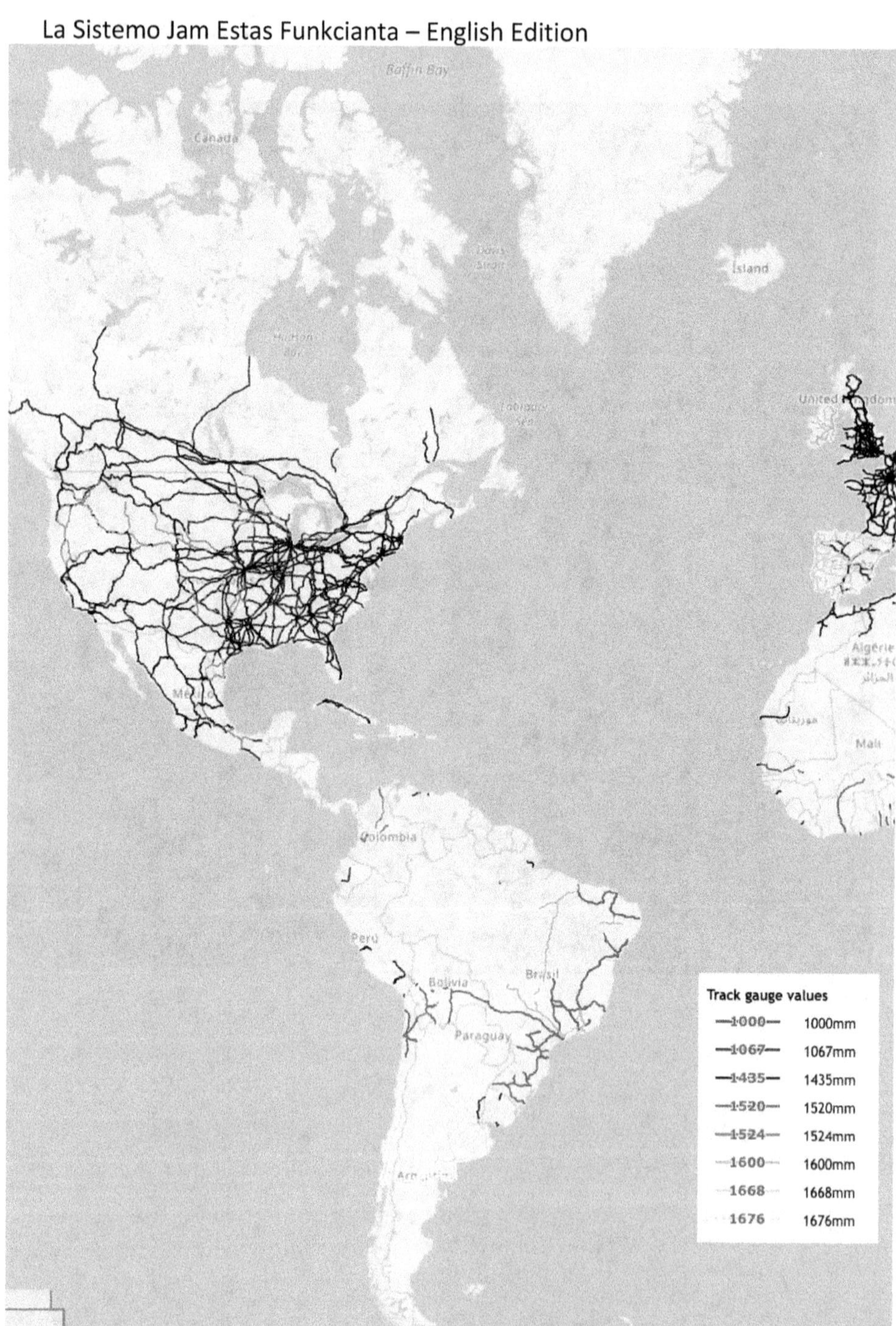

Track gauge values
1000 — 1000mm
1067 — 1067mm
1435 — 1435mm
1520 — 1520mm
1524 — 1524mm
1600 — 1600mm
1668 — 1668mm
1676 — 1676mm

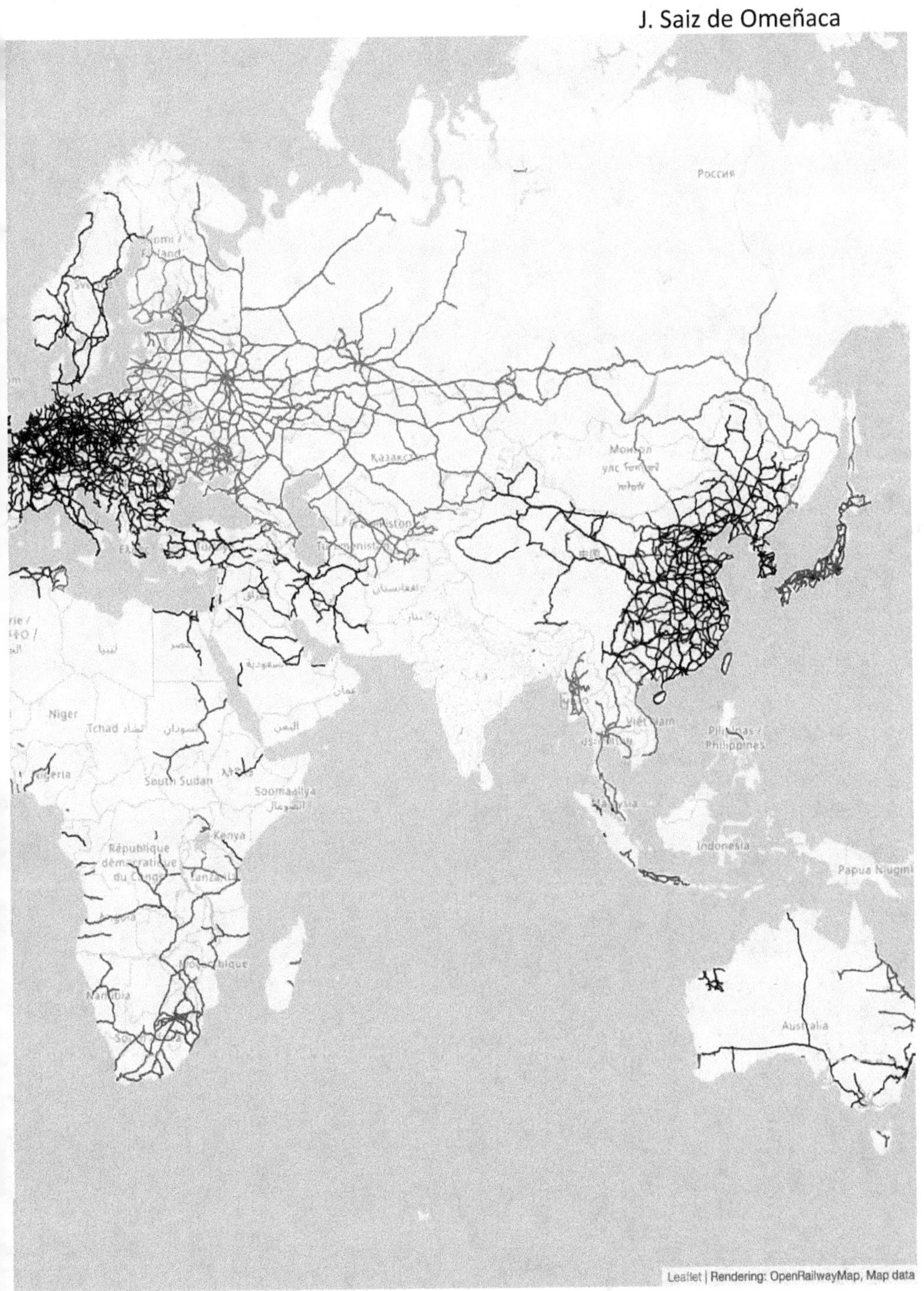

Россия
Suomi / Finland
Казахс
Монгол улс Герний нийт
Ўзбекистон
Turkmenist
中国
Niger
Tchad
South Sudan
Soomaaliya
Kenya
République démocratique du Congo
Tanzania
Angola
Moçambique
Namibia
South Africa
Việt Nam
Pilipinas / Philippines
Malaysia
Indonesia
Papua Niugini
Australia
Leaflet | Rendering: OpenRailwayMap, Map data

Chapter 2. Second vision

In this chapter we delve into a fascinating phenomenon of global recognition: the diverse orientations of vehicular circulation.

It is widely acknowledged that driving practices and navigational norms on roadways can exhibit substantial variations across countries and regions. A particularly prominent illustration of this disparity is evident in the United Kingdom, where its vehicular circulation deviates from that of nearly all other European nations.

In most countries, including most European nations, one usually drives on the right side of the road, and this is called "right-hand traffic". This means that the cars take the right lane (according to the direction of movement of the vehicle) from the roads. However, there are some notable exceptions. In countries like Australia, Japan, Hong Kong, Malaysia, Indonesia, India, South Africa, Guyana, and several other countries, the circulation is organized the other way around: on the left side. This is commonly referred to as "left-hand traffic". Consequently, vehicles in these countries use the left lane for driving and overtake using the right lane.

There are several reasons and stories related to this difference in automotive circulation. One of the most notable

Ĉapitro 2. Dua vizio

En ĉi-tiu ĉapitro oni esploras interesan fenomenon, kiu estas vastume konata tra la tuta mondo: la malsamaj orientadoj de aŭtomobila cirkulado.

Oni sufiĉe bone scias, ke la maniero en kiu oni veturas kaj orientiĝas sur la ŝoseoj povas varii signife inter diversaj landoj kaj regionoj. Unu el la plej notindaj ekzemploj estas la situacio en Unuiĝinta Reĝlando, kiu diferencas de preskaŭ ĉiuj aliaj landoj en Eŭropo.

En la plejmulto da landoj, inkluzive de la plejmulto de eŭropaj nacioj, oni kutime veturas en la dekstra flanko de la ŝoseo, kaj tio estas nomata "dekstraflanka strat-trafiko". Tio signifas, ke la aŭtoj prenas dekstran vojon (laŭ la direkto de movado de la veturilo) el la vojoj. Tamen, ekzistas kelkaj notindaj esceptoj. En landoj kiel Aŭstralio, Japanio, Honkongo, Malajzio, Indonezio, Barato, Sud-Afriko, Gujano, kaj pluraj aliaj landoj, la cirkulado estas inverse organizita: en la maldekstra flanko de la aŭtoŝoseoj. Tio estas nomata "maldekstraflanka strat-trafiko". Tiel, aŭtoj en tiuj landoj prenas maldekstran vojon kaj superprenas per dekstran vojon.

Ekzistas pluraj kialoj kaj historioj rilate al tiu ĉi malsamo en aŭtomobila cirkulado. Unu el la plej rimarkindaj

influences is the ancient British Empire, which was a vast and powerful empire for many centuries. Many of the countries that were under British rule during that time, inherited and continue to practice the British style of left-hand traffic. Other countries, such as Japan, adopted this system in the middle part of the 20th century, when it opened to the outside world. Likewise, in the United Kingdom, the adherence to left-hand traffic has been an established practice since the 18th century, and it remains in effect to the present day.

The different orientation of automobile circulation presents an interesting social and cultural dynamic. For travelers, it can be confusing and requires accommodation in adapting to a different traffic standard when they cross borders. Car dealers and manufacturers must also consider this difference in their products and designs when they aim to sell and distribute cars in various parts of the world.

The reasons and influences related to the different orientation of automobile circulation are many and complex. They involve history, culture, laws, technologies, and social conditions of each country. By understanding these different practices and building strategies to facilitate traffic and safety, we will better understand the various aspects of the international automobile circulation and how it shapes our spaces and societies.

It seems that there is no big problem, one can think that it is just a historical anecdotal reminiscence; but, in fact, the

influoj estas la antikva Brita Imperio, kiu estis vasta kaj potenca imperio dum multaj jarcentoj. Multaj el la landoj, kiuj estis sub la brita regado dum tiu tempo, heredis kaj daŭre praktikas la britan stilon de maldekstraflanka strat-trafiko. Aliaj landoj, kiel ekzemple, Japanio adoptis tiun sistemon en la meza parto de la 20-a jarcento, kiam ĝi malfermiĝis al la ekstera mondo. Same, en la Unuiĝinta Reĝlando la maldekstr-aflanka strat-trafiko estis oficiala deĵoro ekde la 18-a jarcento, kaj ĝi daŭras ĝis nun.

La malsama orientado de aŭtomobila cirkulado prezentas interesan socian kaj kulturan dinamikon. Por vojaĝantoj, ĝi povas esti konfuzanta kaj postulas akomodemon en adaptiĝo al malsama trafiknormo, kiam ili transiras landlimojn. Ankaŭ komercistoj kaj produktantoj de aŭtomobiloj devas konsideri tiun ĉi malsamon en siaj produktoj kaj dizajnoj, kiam ili celas vendi kaj distribui aŭtojn en diversaj partoj de la mondo.

La kialoj kaj influoj rilate al la malsama orientado de aŭtomobila cirkulado estas multaj kaj kompleksaj. Ili implikas historion, kulturon, legojn, teknologiojn, kaj sociajn kondiĉojn de ĉiu lando. Komprenante tiujn malsamajn praktikojn kaj konstruante strategiojn por faciligi trafikon kaj sekurecon, oni pli bone komprenos la diversajn aspektojn de la internacia aŭtomobila cirkulado kaj kiel ĝi formas niajn spacojn kaj sociojn.

Nu, ŝajnas ke ne ekzistas granda problemo, oni povas pensi ke ĝi estas

different orientation of automobile circulation, can present practical and safety problems for drivers. Although it may seem like just a historical detail or an anecdote, this issue can actually be important and even dangerous for people who have to change their driving habits.

To begin with, when individuals accustomed to right-hand traffic find themselves in a country where left-hand traffic is followed, it can lead to confusion and difficulties. In theory, individuals become accustomed to the travel practices, regulations, traffic signals, and decision-making processes specific to their home country. Consequently, being in a country with a distinct driving orientation can be disorienting and impede the smooth flow of traffic.

Furthermore, the different orientation can cause risks and dangers on the roads. People who are not used to left-hand road traffic going to "right-hand country" (and vice versa) can easily get confused about the directions, take the wrong roads, or make mistakes about regular traffic signals.

This can create chaos and contribute to accidents. Also, drivers who are not used to the different orientation can underestimate distances, spaces, and signals, which aggravates the risk of collisions and wrong movements.

Therefore, for those who plan to travel to a country with a different orientation of automobile circulation, it is important to take these things into

nur historia anekdota rememorado; sed, efektive, la malsama orientado de aŭtomobila cirkulado, povas prezenti praktikajn kaj sekurecajn problemojn por veturantoj. Kvankam ĝi povas ŝajni nur kiel historiala detalo aŭ anekdoto, ĉi tiu afero efektive povas esti grava kaj eĉ danĝera por gehomoj kiu devas ŝanĝi siajn veturajn kutimojn.

Por komenci, se oni kutime veturas je dekstraflanka strat-trafiko kaj tiam devas transiri al lando kie oni sekvas maldekstr-flanka strat-trafiko, konfuzon kaj malfacilecojn povas esti kaŭzataj. Laŭteorion, gehomoj kutimus al la vojaĝmaniero de sia hejmlando, inkluzive de reguloj, trafiksignaloj, kaj la maniero en kiu oni devas preni decidojn dum veturado. Tial, kiam oni troviĝas en lando kun malsama orientado, tio povas esti desorienta kaj malfaciligas la fluan trafikon.

Plue, la malsama orientado povas kaŭzi riskojn kaj danĝerojn sur la vojoj. Gehomoj, kiu ne estas akustomitaj al maldekstraflanka strat-trafiko irantaj al "dekstraflanka lando" (kaj inverse), povas facile konfuziĝi pri la direktoj, preni malĝustajn vojojn, aŭ erari pri regulaj trafikaj signaloj.

Tio povas krei kaosaĵon kaj kontribui al akcidentoj. Ankaŭ, veturantoj kiu ne estas akustomitaj al la malsama orientado povas subestimi distancojn, spacojn, kaj postsignalojn, kio pligravigas la riskon de kolizioj kaj malĝustaj movoj.

Tial, por tiuj kiuj planas vojaĝi al lando kun malsama orientado de aŭtomobila

consideration. Before traveling, one may study and get information about the traffic rules and customs of the country.

There are many examples of road traffic where one has to change sides at border crossings, such as those between Afghanistan and Pakistan, between Laos and Thailand, between South Sudan and Uganda, between Brazil and Guyana, and so on.

Additionally, Thailand is particularly notable for border crossings, as it is the only notable country to have nearly all of its borders with countries running on the opposite side. In Thailand, driving is conducted on the left side of the road, despite the fact that approximately 90% (4,357 km, or 2,707 miles) of its borders are shared with countries that follow right-side driving practices.

Furthermore, another significant factor pertains to automobile manufacturing. For instance, vehicles manufactured for specific markets such as the United Kingdom or Ireland are incompatible for sale in other European countries. This limitation arises due to the positioning of the steering wheel on the right side, in contrast to vehicles designed for other countries where the steering wheel is located on the left side.

The phenomenon of variable manufacturing of automobiles in relation to the orientation of steering wheels and doors is interesting and has significance in the industry. Cars made for the United Kingdom, Ireland, Japan,

cirkulado, gravas preni konsideron pri tiuj aferoj. Antaŭvojaĝe, oni povas studi kaj informiĝi pri la trafikreguloj kaj kutimoj de la lando.

Ekzistas multaj ekzemploj de vojtrafiko kie oni devas ŝanĝi flankojn ĉe landlimaj transirejoj, kiel tiuj inter Afganio kaj Pakistano, inter Laoso kaj Tajlando, inter Suda Sudano kaj Ugando, inter Brazilo kaj Gujano, kaj tiel plu.

Aldone, Tajlando estas precipe rimarkinda pro limtransirejoj, ĉar ĝi estas la nura konsiderinda lando havanta preskaŭ ĉiujn siajn limojn kun landoj veturantaj sur la kontraŭa flanko. Oni veturas maldekstren ĉe Tajlando, sed 90% (4357 kilometroj, aŭ 2707 mejloj) de ĝiaj limoj okazas je landoj kie oni veturas dekstren!

Krome, alia grava faktoro estas la fabrikado de aŭtomoviloj: ekzemple, la aŭtoj faritaj por Unuiĝinta Reĝlando, aŭ Irlando, ne povas esti venditaj en iu ajn alia eŭropa lando. Tio estas pro tio, ke la stirejradikilo de la aŭtoj estas trovebla dekstre; dum la aŭtoj de aliaj landoj funkcias per aŭtoj, kies stirejradikiloj troviĝas dekstre.

La fenomeno de varia fabrikado de aŭtomoviloj rilate al la orientado de stiriloj kaj pordoj estas interesa kaj havas signifon en la industrio. Aŭtoj faritaj por Unuiĝinta Reĝlando, Irlando, Japanio, ktp., kie oni sekvas maldekstraflankan strat-trafikon,

etc., where left-hand traffic is observed, usually have steering wheels located on the right. This is different in many other European countries, where right-hand traffic is followed, and cars from those countries have steering wheels located on the left.

This means that car manufacturers must adapt their production according to the specific requirements of each country or region.

There are various technical and design aspects that must be changed to meet the relevant regulations and standards of the target markets.

Besides, all these changes include not only the steering wheel, but also the mechanism of the doors, how they open, and other details that will be explained later.

This variation in manufacturing can have consequences for the efficiency and profits of the automotive industry. If the manufacturers have to produce cars with different configurations for different market segments, this can cause more costs and more complexity in the production. The need for separate production and distribution for different regions can mean greater expenses and less economic benefits.

Technological solutions exist that can reduce the need for separate manufacturing. This means that the manufacture of a car can be adapted for use in different countries without major modifications in the production. However, such technological solutions are not universally applicable and may

kutime havas stirilojn situantajn dekstre. Tio estas malsama en multaj aliaj Eŭropaj landoj, kie oni sekvas dekstraflankan strat-trafikon, kaj aŭtoj el tiuj landoj havas stirilojn situantajn maldekstre.

Tio signifas ke aŭtomovilfabrikistoj devas adapti siajn produktadojn laŭ la specifaj postuloj de ĉiu lando aŭ regiono.

Ekzistas diversaj teknikaj kaj dizajnaj aspektoj, kiuj devas esti ŝanĝitaj por plenumi la rilatajn reguligojn kaj normojn de la celataj merkatoj.

Alie, tiuj ĉiuj ŝanĝoj inkluzivas ne nur la stirilon, sed ankaŭ la mehanismon de la pordoj, kiel ili malfermiĝas, kaj aliajn detalojn kiujn oni iome klarigos poste.

Tiu vario en la fabrikado povas havi konsekvencojn pri la efikeco kaj profitoj de la aŭtomobila industrio. Se la fabrikistoj devas produkti aŭtojn kun malsamaj konfiguraĵoj por malsamaj merkatsegmentoj, tio povas kaŭzi pli da kostojn kaj pli da komplikeco en la produktado. La neceso por aparta produktado kaj distribuo por diversaj regionoj povas signifi pli grandajn elspezojn kaj malpli grandajn ekonomiajn profitojn.

Teknologiaj solvoj ekzistas kiuj povas redukti la bezonon por aparta fabrikado. Tio signifas, ke fabrikado de aŭto povas esti adaptita por uziĝo en malsamaj landoj sen grandaj modifoj en la produktado. Tamen, tiaj teknologiaj solvoj ne estas universale aplikeblaj kaj povas esti pli kostaj aŭ nepraktikaj por

be more expensive or impractical for most car makes or models.

So there is variety in serial building or manufacturing of automobiles. In this case, in relation to the steering wheels of the cars, but equally there is an issue with the doors of the buses, the windshield wipers, headlights, etc.

The result of these variations is an ineconomy. In other words: the result is a lack of economic profitability and efficiency in car manufacturing companies and the automotive industry in general.

The matter of right- and left-hand traffic is actually not simple, and it requires reflection on the possibilities and consequences of changing the circulation in countries with different practices. Although it might seem tempting to solve the problem with a uniform driving orientation all over the world, such a change would have deep implications and could eventually make the situation worse.

One of the most obvious questions is related to the infrastructure and traffic designs. If the circulation were to be changed in countries with right-hand street traffic, it would be necessary to adapt the roads, roundabouts, traffic signs, etc., to accommodate the new driving orientation. That would require an enormous investment of money, a lot of time, and, of course, hard and long work.

There would also be a confusing period during the transition, where drivers would have to adapt to the new

la plimulto da aŭtomobilomarkoj aŭ modeloj.

Do ekzistas varieco en seria konstruado aŭ fabrikado de aŭtomoviloj. Ĉi tiu kase, rilate al la stiriloj de la aŭtoj sed egale ekzistas afero pri la pordoj de la aŭtobusoj, la glacoviŝiloj, frontlampoj, ktp.

La rezulto de tiuj variecoj estas senekonomio. Alievorte: la rezulto estas manko de ekonomika profiteco kaj efijeco ĉe kompanioj de fabrikado de aŭtoj kaj aŭtomobila industrio ĝenerale.

La afero de dekstr- kaj maldekstraflanka strat-trafiko estas fakte ne simpla, kaj ĝi postulas pripenson pri la eblecoj kaj konsekvencoj de ŝanĝado de la cirkulado en landoj kun malsama praktiko. Kvankam povus ŝajni tenta solvi la problemon per unuforma veturorientado en la tuta mondo, tia ŝanĝo havus profundajn implikaĵojn kaj eventuale povus pligravi la situacion.

Unu el la plej evidentaj demandoj rilatas al la infrastrukturo kaj trafikaj dezajnoj. Se oni ŝanĝus la cirkulado en landoj kun dekstraflanka strat-trafiko, oni bezonus adapti la vojojn, la trafikocirklojn, la signalojn, ktp., por akomodi la novan veturorientado. Tio postulus enorman investon da mono, multegan tempon, kaj, kompreneble, malmolan kaj longan laboron.

Ankaŭ estus konfuza periodo dum transireco, kie veturantoj devus adaptiĝi al la novaj normoj kaj povus okazi pli da

60

standards and more accidents (like head-on collisions!) may occur due to confusions and misunderstandings.

In addition to the road aspects, the manufacture of new cars, buses and trams would also be important. Also if the street-traffic orientation were to be changed, it would mean that the construction of vehicles would have to be modified to include steering wheels on the other side; the doors of buses should also be modified[2], and the windshield wipers[3], the headlights[4], and so on.

akcidentoj (kiel frontaj kolizioj!) pro konfuzoj kaj miskomprenoj.

Krom la vojaj aspektoj, ankaŭ la fabrikado de novaj aŭtomobiloj, aŭtobusoj kaj tramoj estus gravaj. Ankaŭ se oni ŝanĝus la strat-trafikan orientadon, ĝi signifus, ke la konstruado de veturiloj devus esti modifita por inkluzivi stirilojn en la alia flanko; la pordoj de aŭtobusoj ankaŭ devus esti modifita[2], kaj la glacoviŝiloj[3], la frontlampoj[4], kaj tiel plu.

---

[2]That is, the public transport cars should change passenger entrances from starboard to port or vice versa. On the other hand, the bus driver should change sides, to allow passengers to get off and enter the bus from the sidewalk, instead of entering the bus through the door facing the middle of the road. Can you imagine having to change the entire bus fleet in a country?

[3]It should be noted that the wipers are preferably designed to clear the driver's side of the windshield better than the co-driver's or passenger's side (for safety reasons) and therefore have a longer wiper on the driver's side than the wipe on the passenger's side. Therefore, on left-hand drive configurations, wipes wipe from right to left, as viewed from inside the vehicle, and the opposite is done on right-hand drive vehicles.

[4]Another interesting fact about car design is that headlights produce an asymmetric light

Tio estas, la publikaj transportaj aŭtoj devus ŝanĝi pasaĝeraj enirejojn el triborde al baborde aŭ inverse. Aliflanke, la busŝoforo devus ŝanĝi flankojn, por permesi al pasaĝeroj eliri kaj eniri la buson de la trotuaro, anstataŭ eniri la buson tra la pordo turniĝanta al la mezo de la vojo. Ĉu vi povas imagi devi ŝanĝi la tutan busfloton en lando?

Oni devas rimarki, ke la viŝiloj estas prefere dizajnitaj por malbari la ŝoforan flankon de la antaŭa glaco pli bone ol la flanko de la vicŝoforo aŭ pasaĝero (pro sekurecaj kialoj) kaj tial havi pli longan viŝigilon sur la ŝoforo kaj viŝi de la pasaĝerflanko al la ŝoforo. Tial, sur maldekstr stirad-konfiguracioj, ili viŝas de dekstre al maldekstre, kiel rigardite de ene de la veturilo, kaj faras la malon sur dekstramanaj veturiloj.

Alia interesa fakto pri aŭto-dezajno estas, ke antaŭaj lampoj produktas nesimetrian

This would cause great impracticality for the automotive industry and higher costs. The need for new models and components, and the adaptation of production processes, would affect the production and the prices of the vehicles, in addition a huge investment in civil works to adapt the roads. Because, not only the vehicles themselves, but also the traffic signs and signals should be changed. This includes painted signs on the street, such as arrows and markings, which should be modified or replaced to indicate the new orientation of street traffic.

In addition to changing all road signs and traffic lights to the other side of the road. Truly unprecedented civil engineering works would have to be done.

Some of the traffic signals would even be useless after the change and new

Tio kaŭzus grandan malpraktikecon por la aŭtomobila industrio kaj pli altajn kostojn. La bezono de novaj modeloj kaj komponentoj, kaj la adaptado de produktadoprocezoj, influus la produktadon kaj la prezojn de la veturiloj, krome grandegan investon en civillaboroj por adapti la vojojn. Ĉar, ne nur la veturiloj mem, sed ankaŭ la trafiksignaĵoj kaj signaloj devus esti ŝanĝitaj. Ĉi tio inkluzivas pentritajn signojn sur la strato, kiel sagoj kaj markoj, kiuj devus esti modifitaj aŭ anstataŭigitaj por indiki la novan orientadon de la strat-trafiko.

Krom ŝanĝi ĉiujn vojsignojn kaj trafiklumoj (semaforoj) al la alia flanko de la vojo. Vere senprecedencaj konstruinĝenieriko laboroj devus esti faritaj.

Kelkaj el la trafiksignaloj eĉ estus senutilaj post la ŝanĝo kaj novaj signaloj

that is suitable for use only on one side of the road. Low-beam lamps in left-side-driving jurisdictions cast most of their light forward-left; those for right-hand drive throw most of their light forward-right, thus illuminating obstacles and road signs while minimizing glare for drivers coming in the opposite direction, on the other side of the road.

lumon, kiu taŭgas por uzi nur unuflanke de la vojo. Mallumtrabaj lampoj en maldekstr-flank-veturantaj jurisdikcioj ĵetas la plej grandan parton de sia lumo antaŭen-maldekstren; tiuj por dekstra-flank-veturado ĵetas la plej grandan parton de sia lumo antaŭen-dekstren, tiel prilumante malhelpojn kaj vojsignojn minimumigante brilegon por ŝoforoj venantaj en la kontraŭa direkto, sur la alia flanko de la vojo.

signals would have to be made. See an example below in Illustration 3.

devus esti faritaj. Vidu ekzemplon sube en la Ilustraĵo 3.

Illustration 3: The traffic sign for a traffic circle is an example of a sign that is different in right- and left - hand traffic countries respectively.

Ilustraĵo 3: La trafiksigno por trafikocirklo estas ekzemplo de signo kiu estas malsama en dekstr- kaj maldekstrflankcirkulaj landoj respektive.

Such a change would be very expensive and labor-intensive, and might be incomprehensible to drivers used to the previous [established] driving standard.

Moreover, the security aspects are an important consideration. If countries were to switch to the same driving style, more accidents could occur in the initial transition period. Drivers would have to brush up on their driving skills, and might feel more unsafe as they adjust to the new standards. In addition, the differences in the traffic rules and understanding of the priority rights could cause confusion and conflicts between drivers during the transition period.

Tia ŝanĝo estus tre multekosta kaj laboro-intensa, kaj eble estus malkomprenebla por veturantoj kutumitaj al la antaŭa vetura normo.

Plie, la sekurecaj aspektoj estas grava konsidero. Se landoj ŝanĝus al la sama vetursenco, povus okazi pli da akcidentoj en la komenca tranzicia periodo. Veturantoj devus rekomenci siajn veturadajn kapablojn, kaj eble sentiĝus pli malsekure dum ili adaptiĝas al la novaj normoj. Krome, la malsamoj en la trafikreguloj kaj kompreno pri la prioritatrajtoj povus kaŭzi konfuzojn kaj konfliktojn inter veturantoj dum tranzicia periodo.

Therefore, updating the driving directions in countries with different practice is not only complex and expensive socially and economically, but also involves many practical and culture-specific considerations. It is necessary to consider the costs, the practicality, the traffic safety, and the exchange with other countries.

Consequently, what course of action should be pursued? How can these challenges be addressed to prevent mishaps and incidents? Is there a viable solution that does not necessitate altering the prevailing right- or left-hand circulation practices? Regrettably, no straightforward remedy exists for these complexities.

In conclusion: once again there is a «system that is already working». In this case: the sense of circulation of the cars.

And, by being "already working", making changes is almost impossible. Implementing such a change would prove arduous, costly, and even ill-advised, despite the potential utility and advantages it may yield.

Thus, achieving uniformity in the direction of traffic flow across all countries worldwide would undoubtedly offer significant advantages. However, capitalizing on this potential benefit remains unattainable. Bcause, once again, "The system is already working". It is the prevailing "historical circumstances" that continue to shape the present conditions.

Tial, ĝisdatigi la veturorientadon en landoj kun malsama praktiko estas ne nur kompleksa kaj multekosta sociale kaj ekonomike, sed ankaŭ implikas multajn praktikajn kaj kulturo-specifajn konsiderojn. Estas necese konsideri la kostojn, la praktikecon, la trafiksekurecon, kaj la interŝanĝon kun aliaj landoj.

Do, kio estas la rimedo? Kiel solvi ĉi tiujn problemojn por eviti senekonomiojn kaj akcidentojn? Kiel solvi sen ŝanĝigi la sencon de la cirkulado en la "dekstrflankcirkulaj" landoj nek en la "maldekstrflankcirkulaj" landoj? Bedaŭrinde ne ekzistas facila solvo!

Konklude: denove ekzistas «sistemo kiu jam estas funktianta.» ĉi tiu kase: la senco de cirkulado de la aŭtoj.

Kaj, estante "jam funktianta", ŝanĝigado estas jam preskaŭ malebla. Efektivigi tian ŝanĝon pruvus peniga, multekosta kaj eĉ nekonsilita, malgraŭ la ebla utileco kaj avantaĝoj kiujn ĝi povas doni.

Tiel, atingi unuformecon en la direkto de trafikfluo tra ĉiuj landoj tutmonde sendube proponus signifajn avantaĝojn. Tamen, kapitaligi ĉi tiun eblan profiton restas neatingebla, Ĉar, denove, «La sistemo jam estas funktianta». Estas la «historia cirkonstancoj» kiuj condiĉas la hodiaŭon.

Circulating on roads in the same sense all over the world could be a great advantage in many aspects. This would create a homogeneous traffic sphere and facilitate travel and communication between different countries. However, in practice, taking advantage of this it is impossible due to several considerations.

One of the most significant reasons is the existing historical circumstances or habits. Most countries have adapted their steering wheel orientation, driving orientation and traffic regulations according to their own traditions, cultures and historical contexts. The car culture in each country has been developed according to its specific needs and preferences, and these habits are strongly rooted in societies. Additionally, changing the direction of travel in any country would mean reducing the value of the history and culture related to the traffic system.

Another important consideration is the economic aspect. Changing the driving orientation would require enormous investments and costs. This includes not only the modification of infrastructure, such as roads, roundabouts, and traffic signals, but also the need to change the automotive industry, which produces vehicles and their components. The transition to a uniform driving orientation would require a large selection cost for all countries and could be inconvenient during economically weak times.

Apart from that, there is an important issue of traffic safety. People are used to

Cirkuli per vojoj en sama senco en la tuta mondo povus esti granda avantaĝo en multaj aspektoj. Tio kreiĝus homogenan trafikosferon kaj faciligus la vojaĝadon kaj komunikon inter diversaj landoj. Tamen, praktike, la profitado de tio ĉi estas neebla pro pluraj konsideroj.

Unu el la plej signifaj kialoj estas la ekzistaj "historiaj cirkonstancoj" aŭ kutimoj. La plejmulto da landoj adaptis sian stirilorientadon, veturorientadon kaj trafikajn reguligojn laŭ siaj propraj tradicioj, kulturoj kaj historiaj kuntekstoj. La aŭtomobila kulturo en ĉiu lando evoluis laŭ siaj specifaj bezonoj kaj preferoj, kaj tiuj kutimoj estas forte enradikigitaj en la societoj. Aldone, ŝanĝi la veturorientadon en tiaj landoj signifus malpliigi la valoron de la historio kaj kulturo rilata al la trafikosistemo.

Alia grava konsidero estas la ekonomia aspekto. Ŝanĝi la veturorientadon postulus enormajn investojn kaj elspezojn. Tio inkluzivas ne nur la modifon de la infrastrukturo, kiel vojoj, trafikocirkloj, kaj la trafiksignalaĵo, sed ankaŭ la neceson ŝanĝi la aŭtomobila industrio, kiu produktas veturilojn kaj iliajn komponentojn. La transiro al unuforma veturorientado postulus grandan kosto-elektadon por ĉiuj landoj kaj povus esti maloportuna dum ekonomie malfortaj tempoj.

Krom tio, estas grava afero pri trafika sekureco. Gehomoj kutimiĝis al la nunaj stirilorientadoj, veturorientadoj

specific steering wheel orientation, driving orientation and rules, and a change in that aspect could cause confusion and even more traffic accidents during the transition period. Adaptation to a new standard would require time and education for the drivers, and until that time the risk of accidents may increase.

Therefore, although the idea of a uniform driving orientation might seem like a solution to many problems, it is complex and impractical in the current situation. A more realistic approach isbased on agreements, intercultural understanding and traffic instructions for drivers, to reduce the risk of accidents and improve traffic flow between countries with different driving orientations.

kaj reguloj, kaj ŝanĝo en tiu aspekto povus kaŭzi konfuzon kaj eĉ pli da trafikaj akcidentoj dum la tranzicia periodo. Adaptiĝo al nova normo postulus tempon kaj edukadon por la veturantoj, kaj ĝis tiu tempo la risko de akcidentoj povus pliiĝi.

Tial, kvankam la ideo de unuform: veturorientado povus ŝajni kiel solvo a multaj problemoj, ĝi estas kompleksa ka nepraktikebla en la nuna situacio. La pl realisma alproksimiĝo estas pli d: interkonsento, interkultura kompreno ka trafikaj instruoj por veturantoj, por redukt la riskon de akcidentoj kaj plibonigi l: trafikfluecon inter landoj kun malsama veturorientadoj.

References and Further Reading

Sufficient information regarding the right- and left-hand side of circulations can be found on the internet; for example on the *Wikipedia* website, where there are explanations on the issue in several languages.

An interesting illustration is found at:

• http://en.wikipedia.org/wiki/Image:Countries_driving_on_the_left_or_right.svg

and it is reproduced below in Illustration 4.

It is a drawing useful to clearly distinguish the countries where divers drive on the right or on the left.

For those who have the color version of the book: red colored countries indicate right-hand circulation and left-hand circulation countries are identified in blue.

For those who have the grayscale version, the figure has been slightly retouched so that the image is still visible and distinguishable: the countries in darker gray indicate right-sided circulation. And the countries with a lighter gray color indicate a left-sided circulation.

Pliigarajôj kaj referencoj

Sufiĉe informacio rilate al la dekstr- kaj maldekstrflanka senco de cirkuladoj povas esti trovata en interreto; ekzemple en la retpaĝaro de *Vikipedio,* kie klarigoj pri la afero estas en pluraj lingvoj.

Interesa ilustrajô estas trovata ĉe:

• http://en.wikipedia.org/wiki/Image:Countries_driving_on_the_left_or_right.svg

kaj ĝi estas reproduktita sube en laIlustrajô 4.

Ĝi estas desegnajô utila por klare distingi la landojn kie oni veturas dekstrflanke aŭ maldekstrflanke.

Por ĉiuj, kiuj havas la koloran version de la libro: ruĝe koloritaj landoj indikas dekstrflankan cirkuladon kaj maldekstrflankaj cirkuladaj landoj estas identigitaj de blua koloro.

Por tiuj, kiuj havas la grizskalan version, la figuro estis iomete retuŝita tiel ke la bild ankoraŭ estas videbla kaj distingebla: la landoj en pli malhela grizeco indika dekstrflankan cirkuladon. Kaj la land kun pli hela grizkoloro indika maldekstrflankan cirkuladon.

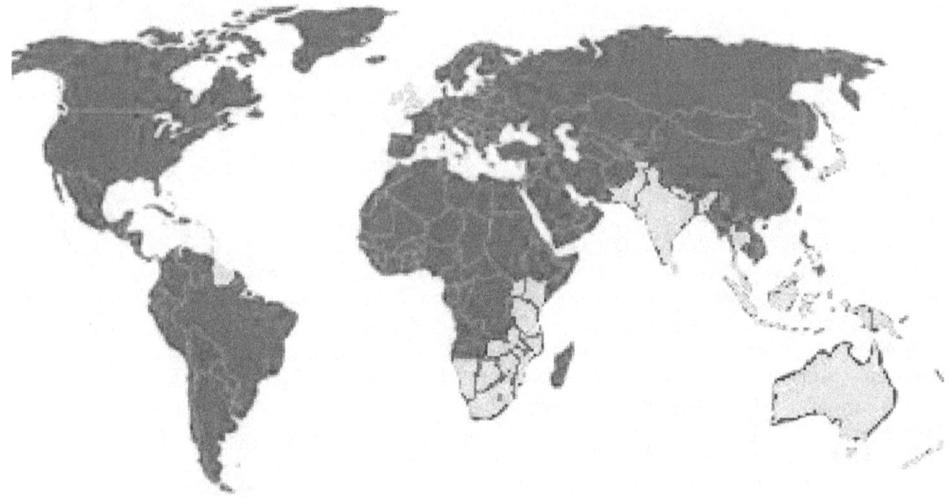

Illustration 4: street-traffic orientation in the World. Viewable at http://en.wikipedia.org/wiki/Image:Countries_driving_on_the_left_or_right.svg

Other interesting references are the following:

• Tom Vanderbilt, Traffic: Why We Drive the Way We Do (and What It Says About Us). Knopf Doubleday Publishing Group, 2009

• Peter Kincaid, The Rule of the Road, An International Guide to History and Practice. Greenwood Press, 1986

• Chris McManus, Right Hand, Left Hand: The Origins of Asymmetry in Brains, Bodies, Atoms and Cultures, 2004

Although this last book is not specifically related to the different directions of traffic. But it is interesting because the work is about the asymmetry in human bodies and cultures. The author explores

Ilustraĵo 4: strat-trafika orientado en la Mondo. Videbla ĉe http://en.wikipedia.org/wiki/Image:Countries_driving_on_the_left_or_right.svg

Aliaj interesaj referencoj estas jenaj, kvamkam ĝi estas nur trovitaj angle:

• Tom Vanderbilt, Traffic: Why We Drive the Way We Do (and What It Says About Us). Knopf Doubleday Publishing Group, 2009

• Peter Kincaid, The Rule of the Road, An International Guide to History and Practice. Greenwood Press, 1986

• Chris McManus, Right Hand, Left Hand: The Origins of Asymmetry in Brains, Bodies, Atoms and Cultures, 2004

Kvankam ĉi tiu lasta libro ne estas specife rilata al la malsamaj direktoj de trafiko. Sed ĝi estas interesa ĉar la verko temas pri la asimetrio en gehomaj korpoj kaj kulturoj. La aŭtoro esploras

the biological and cultural meaning of the asymmetry and describes how this fact affects various aspects of our life, maybe even traffic circulation!

Finally, for those more curious readers, a link is offered below where the Vienna Convention on Road Signs and Signals is explained, which is a multilateral international treaty designed to increase road safety and assist international road traffic by standardizing the sign system for road traffic.

- https://en.wikipedia.org/wiki/Vienna_Convention_on_Road_Signs_and_Signals

And references therein.

la biologian kaj kulturan signifon de la asimetrio kaj priskribas kiel tiu fakto influas diversajn aspektojn de nia vivo, eĉ eble ankaŭ trafikan cirkuladon!

Fine, por tiuj pli scivolaj legantoj, ligilo estas ofertita ĉi-sube kie la Viena Konvencio pri Vojsignoj kaj Signaloj estas klarigita, kiu estas plurflanka intenacia traktato destinita por pliigi vojsekurecon kaj helpi internacian vojtrafikon normigante la signsistemon por vojtrafiko.

- https://eo.wikipedia.org/wiki/Viena_Konvencio_pri_Vojsignoj_kaj_Signaloj

Vidu ankaŭ referencojn en angla versio de la retpaĝo.

Chapter 3. A Complicated world

Under these words, the following paragraphs will present a problem that has already appeared for a long time in human history, and (just like in the previous chapters) the historical circumstances shape the present conditions in such a way that one cannot take full advantage of the benefits, efficiency and improvements that are offered by "a new ideal system".

We are talking noe about multilingualism. Although it is proof of cultural diversity and richness of human cultures and identities; it can also cause great expenses and deterioration of opportunities, as well as misjudgments, and even it can be a source of misunderstandings and conflicts.

Sometimes, one of the main and most fundamental human characteristic tools (the language, the diction, the speech and writing) is cut off, disordered or messed up because of linguistic differences.

That is why many countries require their inhabitants to learn several languages to be able to communicate effectively; parenthetically, they are often languages that are not easy to learn or are very different from each other. There are countries whose inhabitants need to learn several languages to communicate or to improve the opportunities and the quality of their lives.

Ĉapitro 3. Komplikata mondo

Sub ĉi tiuj vortoj, la sekvaj paragrafoj prezentos problemon kiu jam aperis de longa tempo en gehomara Historio, kaj (samkiel la antaŭaj ĉapitroj) la historia cirkonstancoj condiĉas la hodiaŭon tiel kiel oni ne povas tute profiti avantaĝojn, efikecon kaj plibonigojn kiuj estas ofertitaj de "nova ideala sistemo".

Ĉi tiu afero estas nomata diverslingvismo. Kvankam ĝi estas pruvo de kultura diverseco kaj riĉeco de homaj kutimoj kaj identecoj; ĝi ankaŭ povas kaŭzi grandajn elspezojn kaj malbonigojn de ŝancoj, tiel kiel senkomprenaĵoj, kaj eĉ ĝi povas esti fonto de miscomprehendoj kaj konfliktoj.

Kelkefoje, unu el la ĉefaj kaj plej fundamentaj gehomaj karakteraj iloj (la lingvo, la vortado, la parolado kaj skribado) estas detranĉita, malordigita aŭ fuŝita pro la lingva malsamecoj.

Tial multaj landoj postulas de siaj loĝantoj lerni plurajn lingvojn por povi komuniki efike; parenteze ĝi ofte estas lingvoj ne facile lerneblaj aŭ tre malsamaj inter si. Estas landoj kies enloĝantoj necesas lerni plurajn lingvojn por povi komuniki aŭ por plibonigi la ŝancojn kaj la kvaliton de siaj vivoj.

However, it seems that a solution for this problem has already begun, because we now live in a world with diversity and global connections, through the Internet and many other examples of connectivity. Isn't it?

Well, there is an interesting detail that cannot be ignored: undoubtedly, the main language used is English nowadays. Oh, no doubt, that's also a problem for many other people (perhaps the majority) in the world. Yes, maybe it's a small problem now... but maybe also English speakers (that is: native English speakers) are superior, privileged, and have an advantage compared to non-English speakers everywhere else, upon all other humans (!).

When two people, not having the same native language, speak in the native language of one of them, there is usually some imbalance in the relationship. But when those same two humans speak a common (international) language, the situation changes: both are in balance. They both feel part of the same group psychologically speaking; as explained by Claude Piron, or *Klaŭdjo*, to whom I will refer later.

I do not want to explore in detail the advantages or disadvantages of English as an "international language", or of other languages such as Chinese, Spanish, French, Japanese and the long list of thousands of other languages.

And neither will I distract myself by detailing all the advantages that Esperanto has over other solutions to the

Tamen, ŝajnas ke solvo por ĉi tiu problemo jam komenciĝis, ĉar oni nun vivas en mondo kun diverseco kaj tutmondaj konektoj, per interreto kaj multaj aliaj ekzemploj de konekteco. Ĉu ne?

Nu, estas interesa detalo, kiu ne povas esti ignorata: sendube, la ĉefa uzata lingvo estas la Angla nuntempe. Ho, sendube, ankaŭ tio estas problemo por multaj aliaj pepoloj (eble la plimulto) en la mondo. Jes, eble ĝi nun estas malgrandeta problemeto... sed eble ankaŭ la anglalingvanoj (tio estas: denaskaj parolantoj de la angla) estas supere, privilegiitaj, kaj havas avantaĝon kompare kun neanglolingvanoj ĉie alire, ĉiuj aliaj gehomoj (!).

Kiam du gehomoj, ne havante la saman gepatran lingvon, parolas en la gepatra lingvo de unu el ili, kutime ekzistas iom da malekvilibro en la rilato. Sed kiam tiuj samaj du gehomoj parolas per komuna (internacia) lingvo, la situacio ŝanĝiĝas: ambaŭ estas en ekvilibro. Ili ambaŭ sentas sin parto de la sama grupo psikologie parolante; kiel bone klarigas Claude Piron, aŭ Klaŭdjo, pri kiu mi referencos poste.

Mi ne volas detale esplori la avantaĝojn aŭ malavantaĝojn de la angla lingvo kiel "internacia lingvo", aŭ de aliaj lingvoj kiel la Ĉina, la Hispana, la Franca, la Japana kaj la longa listo de miloj da aliaj lingvoj.

Kaj nek mi ankaŭ ne distros min detaligante ĉiujn avantaĝojn, kiujn Esperanto havas super aliaj solvoj al la

linguistic barriers of the difference in languages. Because, everyone who reads these words will already be aware of this, I'm sure. And you undoubtedly agree that learning Esperanto is an easier task than learning a foreign language other than your native language(s).

And all readers already know for sure that learning Esperanto does not only mean knowing a language, but it is also a symbol that indicates that one is trying to make the world a better place, a fairer place... a place where mutual understanding prevails; truly a world of harmony. It is the way to start the change by oneself, it is the way to be part of the change and show the non-believers that there is an easy and feasible solution.

Dear readers, we all really already know the *International Language*, created in 1887 by LL Zamenhof (Białystok 15ª Dec. 1859 – Warsaw 14ª Apr. 1917), known today as Esperanto! Easy to learn, fairly easy to read and write, and it's accessible worldwide, and so on.

It is not necessary to explain that Esperanto has several advantages that contribute to its uniqueness and potential as an international language, as well as the ease of learning (because Esperanto was designed with the intention of being easy to learn and in fact it is), the communication without barriers (because Esperanto was created as a language to understand each other between people from different languages and cultures, therefore communication is possible without barriers, avoiding the linguistic walls and obstacles that can exist through the use of any native language), the

lingvaj baroj de la diferenco en lingvoj. Ĉar, ĉiuj, kiuj legas ĉi tiujn vortojn, jam konscios pri tio, mi certas. Kaj vi sendube konsentas, ke lerni Esperanton estas pli facila tasko ol lerni fremdan lingvon krom via(j) denaska(j) lingvo(j).

Kaj la gelegantoj jam certe scias ke lerni Esperanton ne nur signifas koni lingvon, sed ĝi ankaŭ estas simbolo, kiu indikas ke oni mem klopodas por fari la mondon pli bona loko, pli justa loko... loko kie regas interkompreniĝo; vere mondo de konkordo. Ĝi estas la maniero komenci la ŝanĝon per si mem, ĝi estas la maniero esti parto de la ŝanĝo kaj montri al la nekredantoj, ke ekzistas facila kaj farebla solvo.

Karaj gelegantoj, oni ĉiuj vere jam konas la *Lingvon Internacian*, kreita en 1887 de L.L. Zamenhof (Białystok 15ª dec. 1859 – Varsovio 14ª Apr. 1917), konata nuntempe kiel Esperanto! facile lernebla, sufiĉe facile legebla kaj skribebla, kaj ĝi estas alirebla tutmonde, kaj tiel plu.

Ne necesas klarigi ke Esperanto havas plurajn avantaĝojn, kiuj kontribuas al ĝia unikeco kaj potencialo kiel internacia lingvo, tiel kiel la facileco (ĉar Esperanto estis dizajnita kun la intenco esti facile lernebla kaj fakte ĝi estas), la komunikado senbariere (ĉar Esperanto estis kreita kiel lingvo por interkompreniĝi inter gehomoj el diversaj lingvaĵoj kaj kulturoj, tial komunikado senbariere eblas, evitante la lingvajn murojn kaj malhelpaĵojn, kiuj povas ekzisti per la uzo de iu ajn denaska lingvo), la kultura diverseco

cultural diversity (because Esperanto is a neutral language, without acquired nationality or cultural flag. It allows people from different languages and cultures to travel equally and present and preserve their own culture without being overpowered by one linguistic or cultural hegemony), equal rights (because Esperanto promotes the principle of equal rights between languages. While in the real world certain languages are more powerful and dominate in international communication, Esperanto wants to give all languages an equal role and opportunity to be used and respected), the promotion of peace and mutual understanding (because Esperanto has a long history of being associated with peace and mutual understanding) and also other facts (the growing community, its dynamics, international gatherings, meetings and exchanges where people with different languages can collaborate and communicate without language barriers, etc.).

It is not necessary to explain that people who learn Esperanto are often aware of a certain philosophy or principles that they want to apply in order to achieve a better world. Like, for instance: linguistic justice (all people have the right to use and keep their own language and the ideas of linguistic equality and respect are favored), peace and mutual understanding (through a common language and culture, people can better understand each other, to avoid misunderstandings and conflicts, and to create a more harmonious and united world), cultural diversity (which is a source of wealth), cooperation and

(ĉar Esperanto estas neutra lingvo, sen akirita nacia aŭ kultura priritateco. Ĝi permesas al gehomoj el malsamaj lingvaj kaj kulturoj milviadi egale kaj prezenti kaj konservi sian propran kulturon sen superfortado de unu lingva aŭ kultura hegemonio), la egalrajto (ĉar Esperanto promovas la principon de egalrajto inter lingvoj. Dum en la reala mondo certaj lingvoj estas pli potencaj kaj dominas en internacia komunikado, Esperanto volas doni al ĉiuj lingvoj egalan rolon kaj ŝancon esti uzataj kaj respektataj), la fomento de paco kaj interkompreno (ĉar Esperanto havas longan historion de esti asociata kun paco kaj interkompreno) kaj ankaŭ fakte aliaj faktoj (la kreskanta komunumo, ĝia dinamiko, internaciaj renkontiĝoj, kunvenoj kaj interŝanĝoj kie gehomoj kun diversaj lingvoj povas kunlabori kaj interkomunikiĝi sen lingvaj bariloj, ktp.).

Ne necesas klarigi ke gehomoj, kiuj lernas Esperanton, ofte konscias pri certa filozofio aŭ principoj, kiujn ili volas apliki por atingi pli bonan mondon. Kiel, ekzemple: la lingva justeco (ĉiuj gehomoj havas la rajton uzi kaj konservi sian propran lingvon kaj oni favoras la ideojn de lingva egalrajto kaj respekto), la paco kaj interkompreno (per komuna lingvo kaj kulturo, gehomoj povas pli bone kompreni unu la alian, eviti misinterkomprenojn kaj konfliktojn, kaj krei pli harmonian kaj solidaran mondon), la kultura diverseco (kiu estas fonto de riĉeco), la kunlaboro kaj interkonekto (interkonekto inter

interconnection (interconnection between people from different parts of the world is possible), learning and self-cultivation; because learning Esperanto is often a form of self-cultivation and personal development; to value learning as a path to a more understanding, communicative and educated mind. Besides, by learning Esperanto one improves oneself and the world around, etc.

It is not necessary to explain, finally, that Esperanto is not only a communication tool but it also means cultural exchange, an international community, a cognitive advantage (because the learning and use of Esperanto can have a positive effect on the cognitive abilities of individuals), it is a symbol of peace, etc.

These aspects show that Esperanto has practical and social advantages. It facilitates mutual understanding, cooperation and cultural exchange between people from different countries, and contributes to a fairer, more understanding and more harmonious world.

However, we find ourselves again in a similar situation, analogous to those previously described in the preceding chapters of this book: despite the evidence of the great advantages of the *International Language*, or Esperanto, which is easier to learn than other alternative *second languages*, we cannot actually take advantage of its benefits. Again, *the system is already functioning*, and the past affects the present, as we have already seen in previous examples presented in the earlier chapters.

gehomoj el diversaj partoj de la mondo eblas), la lernado kaj memkultivo; ĉar lernado de Esperanto ofte estas vido de memkultivado kaj persona disvolviĝo; por valori lernadon kiel vojon al pli komprenema, komunikema kaj klera menso. Krom, per lernado de Esperanto oni plibonigas sin mem kaj la mondo ĉirkaŭ, ktp.

Ne necesas klarigi, fine, ke Esperanto estas ne nur komunika ilo sed ĝi ankaŭ signifas kultura interŝanĝo, internacia komunumo, kognitiva avantago (ĉar la lernado kaj uzo de Esperanto povas havi pozitivan efikon sur la kognitivaj kapabloj de individuoj), ĝi estas simbolo de paco, ktp.

Ĉi tiuj aspektoj montras ke Esperanto havas praktikajn kaj sociajn avantaĝojn. Ĝi faciligas interkomprenon, kunlaboron kaj kulturan interŝanĝon inter gehomoj el diversaj landoj, kaj kontribuas al pli justa, pli interkomprenema, kaj pli harmonia mondo.

Tamen, oni denove troviĝas en simila situacio, analoga al tiuj antaŭe priskribitaj en la antaŭaj ĉapitroj de ĉi tiu libro: malgraŭ la evidenteco de la grandaj avantaĝoj de la *Lingvo Internacia*, aŭ Esperanto, kiu estas pli facile atingebla ol aliaj alternativaj *duaj lingvoj*, oni ne povas efektive profiti ĝiajn avantaĝojn. Reen, *la sistemo jam estas funktianta*, kaj la historio kondiĉas la nunaĵon, kiel oni jam vidis en la antaŭaj ekzemploj prezentitaj en la antaŭaj ĉapitroj.

Thus, one may feel pressured or even frustrated. Are we not able to perceive and nearly "grasp" the solution that appears readily accessible, yet remains elusive due to inefficiencies or lack of profitability? Is it genuinely the case, notwithstanding its apparent simplicity, that historical factors render it unattainable?

This situation presents something similar to a paradox, where logically one could improve communication and facilitate mutual understanding by adopting a common International Language, but the reality of the situation does not allow it. The existing "systemic" and "historical circumstances" block our ability to achieve a full solution. That frustration is understandable, because sometimes you see a potential solution that seems to be completely accessible immediately, but in practice turns out to be unavailable due to economic, or historical limitations, or political, or organizational issues, or who-knows-what-else.

This contrast between the obviousness of a problem and the impossibility of achieving an effective solution is significant. It shows the complexity of the situation, where simple or seemingly logical solutions are intruded by barriers that are deeply defined by history and culture. Thus, one is confronted with the complex reality of linguistic diversity and the limitations that are part of our world.

The subject of languages and mutual understanding is an ongoing and interesting discussion, which has no easy solutions, and which fills the thinking of linguists, sociologists, psychologists and

Tiel, oni povas sin senti premadon aŭ eĉ frustriĝon. Ĉu oni ne povas vidi kaj preskaŭ "tuŝi" la solvon, kiu ŝajnas esti facile atingebla, sed oni ne povas atingi ĝin pro malekonomio aŭ manko de profito? Ĉu vere malgraŭ ĝia ŝajna simpleco, tio estas neebla pro historaj kialoj?

Ĉi tiu situacio prezentas io simila al paradokson, kie laŭlogike oni povus plibonigi komunikadon kaj faciligi interkomprenon per adoptado de Lingvo Internacia komuna, sed la realo de la situacio ne permesas ĝin. La ekzistantaj "sistemaj" kaj "historiaj cirkonstancoj" blokas nian kapablon atingi plenan solvon. Tiu frustracio estas komprenebla, ĉar oni defoje vidas potencialon de solvo, kiu ŝajnas esti tute alirebla tuje, sed praktike rezultas esti malatingebla pro ekonomiaj, aŭ historiaj limigoj, aŭ politika, aŭ organiza aferoj, aŭ kiu-scias-kio-alia.

Tiu ĉi kontrasto inter la evidento de problemo kaj la neebleco atingi efektivan solvon estas signifa. Ĝi montras la komplikecon de la situacio, kie simplaj aŭ ŝajne logikaj solvoj estas entruditaj per bariloj, kiuj estas profund-inge difinitaj de historio kaj kulturo. Tiel, oni konfrontiĝas kun malsimpla realo de la lingva diverseco kaj la limigoj, kiuj estas parte de nia mondo.

La temo pri lingvoj kaj interkompreno estas daŭra kaj interesa diskuto, kiu ne havas facilajn solvojn, kaj kiu plenigas la pensadon de lingvistoj, sociologoj, psikologoj kaj aliaj studantoj de la

other scholars of the culture of the humanity. However, it is a very important discussion for human communication and intercultural relations. And there are no simple or universal solutions, it continues to arise interest and provoke discussions.

The question of how to solve this obstacle is complex and involves many aspects. There is no one-size-fits-all solution, as each language situation is unique and depends on many factors, including history, politics, culture and economics.

Despite the complexity of the subject, it is a very important discussion, because it looks at the essence of human communication and intercultural relationship. The ability to understand and be understood is a foundation for peace, mutual understanding and cooperation between nations and cultures. The more we understand and respect the various languages and cultures, the more we can create an inclusive and harmonious world.

Thus, the subject of language and mutual comprehension remains pertinent and significant in human society. It prompts us to engage in critical thinking, collaborative research, and the pursuit of solutions that can enhance communication and interaction among linguistic communities.

In this chapter, we have chosen to add only a few references and further reading. Bibliography will not be added abundantly because it is not considered necessary for the reasons that have already been explained in the previous paragraphs. That is: everyone who reads this will know Esperanto, its history, its

gehomara kulturo. Tamen, ĝi estas diskuto, kiu estas gravega por la gehoma komunikado kaj interkulturaj rilatoj. Kaj ĝi ne havas simplajn aŭ universajn solvojn, ĝi daŭre incitas intereson kaj provokas diskutojn.

La demando pri kiel solvi tiun problemon estas kompleksa kaj implikas multajn aspektojn. Neniun universalan solvon ekzistas, ĉar ĉiu lingva situacio estas unika kaj dependas de multaj faktoroj, inkluzive de historio, politiko, kulturo kaj ekonomio.

Malgraŭ la kompleksaĵo de la temo, ĝi estas gravega diskuto, ĉar ĝi rigardas la esencon de gehoma komunikado kaj interkultura rilato. La kapablo kompreni kaj esti komprenata estas fundamento por pacoj, interkomprenemo kaj kunlaboro inter nacioj kaj kulturoj. Ju pli oni komprenas kaj respektas la diversajn lingvojn kaj kulturojn, des pli oni povas krei inkluzivan kaj harmonian mondon.

Do, la temo pri lingvo kaj interkompreno daŭras esti aktuala kaj grava en la gehoma socio. Ĝi invitas nin al kritika pensado, komuna esplorado kaj serĉado de solvoj, kiu povas helpi nin pli bone komuniki kaj interagi inter lingvaj komunumoj.

En ĉi tiu ĉapitro, oni elektis aldoni nur malmultajn pliigaraĵojn kaj referencojn. Ĝi ne estos abunde aldonitaj ĉar ĝi ne estas konsiderata necesa pro la kialoj, kiuj estis jam klarigitaj en la antaŭaj alineoj. Tio estas: ĉiu, kiu tion legas, scios Esperanton, ĝian historion, ĝian

reason of being, and its philosophy. We do not need numerous references to convey that message to Esperantists.

However, for completeness, for consistency, for the sake of the Esperanto culture, and in the event that someone does not know about it, some references are briefly added at the end of this chapter for more information and for the enjoyment of the most eager readers.

In any case, it is important that readers realize the similarities between this issue and the topics shown in previous chapters.

It is hoped that readers can synthesize their thoughts and address these matters within their respective contexts. Similar to the challenge of altering train track gauges or the direction of vehicular traffic on roads, which, despite clear advantages, poses difficulties, changing the perceptions of the general public regarding the use and learning of Esperanto is likewise arduous. Even when the benefits are readily apparent!

We know why: *The system is already working*.
Again. For a long time. Since long ago.

This is an important reflection that invites us to explore the limits of our own minds and cultures. It is not an easy task, but with sincerity and patience, we can learn and improve our communication and mutual understanding.

Therefore, it is desired that all readers think about the similarity of those situations and understand the need for sincerity and persistence in the effort to improve our linguistic interaction.

ekzistokialon kaj ĝian filozofion. Oni ne necesas multaj referencoj por diri tiun mesaĝon al esperantistoj.

Tamen, por plena kompleteco, pro konsisteco, pro la esperanta kulturo, kaj por la okazo ke iu ne konas ĝin, kelkaj referencoj estas mallonge aldonitaj ĉe la fino de ĉi tiu ĉapitro por pli da informo kaj por la ĝuo de la plej fervoraj legantoj.

Ĉiukaze, gravas ke la gelegantoj vidu la similecojn inter tiu ĉi afero kaj la temoj montritaj en la antaŭaj ĉapitroj.

Oni esperas, ke la gelegantoj povas kunmeti siajn pensojn kaj trakti la temojn en kunteksto. Simile al la malfacileco de ŝanĝi la ŝpurojn de trajnvojoj aŭ la sencon de aŭtotrafiko sur la vojoj (kvankam ekzistas klareblaj avantaĝoj), ŝanĝi la mensojn de gehomoj pri lernado kaj uzado de Esperanto estas ankaŭ malfacila. Eĉ se la avantaĝoj estas evidente klareblaj!

Oni scias kial: *La sistemo jam estas funkcianta*.
Denove. Delonge. Ekde longe.

Ĉi tio estas grava pripensado, kiu invitadas nin esplori la limojn de niaj propraj mensoj kaj kulturoj. Ĝi ne estas facilega tasko, sed per sincereco kaj pacienco, oni povas lerni kaj plibonigi nian komunikadon kaj interkomprenon.

Do, oni deziras ke la gelegantoj pensu pri la simileco de tiuj situacioj kaj komprenu la bezonon de sincereco kaj persisteco en la penado por plibonigi nian lingvan interagadon.

References and further reading

Some interesting literature on the subject of this chapter is presented below. They are valuable, historical works, presenting interesting ideas. All of these works are recommended if the reader is not already familiar with them.

• L. L. (Ludwik Lejzer) Zamenhof, Dua Libro de l'Lingvo Internacia. [several editions exist].

This historical work is mentioned as the first reference, how could it be otherwise.

• Claude Piron (Klaŭdjo), La bona lingvo. [several editions exist].

Successful essay by Claude Piron (known as Klaŭdjo within the Esperanto community) about Esperanto. The author defends that Esperanto is easy because its structure is close to that of human thought.

• Detlev Blanke was a German linguist and Esperantist who created several works in Esperanto and about Esperanto, defending the language. His work "International Planned Languages. Essays On Interlinguistics And Esperantology" is very well known.

• See also:
https://en.wikipedia.org/wiki/Detlev_Blanke

Pliigarajôoj kaj referencoj

Jen kelkaj interesaj tekstoj pri la temo de ĉi tiu ĉapitro. Ili estas verkoj valoraj, historiaj, kaj kun interesaj ideoj. Ĉiuj estas rekomenditaj se la leganto ankoraŭ ne konas ĝin.

• L. L. (Ludwik Lejzer) Zamenhof, Dua Libro de l'Lingvo Internacia. [pluraj eldonoj ekzistas].

Ĉi tiu historia libro estas menciita kiel la unua referenco, kiel povus esti alie.

• Claude Piron (Klaŭdjo), La bona lingvo. [pluraj eldonoj ekzistas].

Sukcesa eseo de Claude Piron (Klaŭdjo) pri Esperanto. La aŭtoro defendas ke Esperanto estas facila ĉar ĝia strukturo estas proksima al tiu de la gehoma penso.

• Detlev Blanke estis germana lingvisto kaj esperantisto kiu kreis plurajn verkojn en Esperanto kaj pri Esperanto, defendante la lingvo. Lia angla verko "International Planned Languages. Essays On Interlinguistics And Esperantology" estas tre konata.

• Vidu ankaŭ:
https://eo.wikipedia.org/wiki/Detlev_Blanke

• Roberto Garvía, Esperanto and Its Rivals: The Struggle for an International Language.

This book analyzes the history of Esperanto and its development and acceptance compared to other planned languages. At the same time, it analyzes its "lack of competitiveness" compared to other languages (such as, for example: English) as an international language.

• Ulrich Lins, La danĝera lingvo. [several editions exist, including also in other languages, not only in Esperanto].

In this book, the author writes about the history of the persecution of Esperanto in the past and about times when the use of Esperanto was forbidden.

• Don Harlow, The Esperanto Book, [several editions exist, including a free online version: http://literaturo.org/HARLOW-Don/Esperanto/eaccess/eaccess.book.html]

One of the most complete free books about Esperanto, its history, culture, etc. Plus it has lots of interesting bibliography!

• Roberto Garvía, Esperanto and Its Rivals: The Struggle for an International Language.

Ĉi tiu libro analizas la historion de Esperanto kaj ĝian evoluon kaj akceptecon kompare al aliaj planlingvoj. Samtempe, ĝi analizas ĝian "mankon de konkurencivo" kompare al aliaj lingvoj (kiel, ekzemple: la angla) kiel internacia lingvo.

• Ulrich Lins, La danĝera lingvo. [pluraj eldonoj ekzistas, inkluzive ankaŭ en aliaj lingvoj, ne nur esperante].

En ĉi tiu libro, la aŭtoro skribas pri la historio de la persekutoj de Esperanto en la pasinteco kaj pri tempoj kiam uzado de Esperanto estis malpermesita.

• Don Harlow, The Esperanto Book, [pluraj eldonoj ekzistas, inkluzive reta senpaga versio: http://literaturo.org/HARLOW-Don/Esperanto/eaccess/eaccess.book.html]

Unu el la plej kompletaj senpagaj libroj pri Esperanto, ĝia historio, kulturo, ktp. Krom ĝi havas multajn interesajn bibliotekresursaĵoj!

Chapter 4. The Outcome?

In culmination of all the aforementioned explanations, one can draw a final comparison that brings further clarity to the subjects at hand..

In previous chapters, one could find deep and interesting parallels between the tracks of train tracks and Esperanto, or between the traffic orientations and Esperanto. In this chapter, we will be able to find a new parallel: between microstructures in minerals and the role of Esperanto in society and the world.

Is the reader surprised? Or more precisely: intrigued? Let's start the chapter!

In this comparison, the fascinating characteristics of microstructures in minerals are explored. While these microstructures can be rocks, crystalline and beautiful, they can also contain flaws and imperfections. For example, in the crystal organization, dislocations, lack of atoms in the crystals network and other imperfections may occur.

These imperfections often cause materials to have worse properties (actually: various properties are affected, such as: tensile strength, resistence to torsion or other forces; thermal resistance or conductivity, etc.) than materials whose crystal lattice is pure, without defects, without imperfections, and without atomic dislocations.

Ĉapitro 4. Ĉu la elnodiĝo?

Kulmine de ĉiuj supre menciitaj klarigoj, oni povas desegni finan komparon, kiu alportas plian klarecon al la pritraktataj temoj.

En antauaj ĉapitroj, oni povis trovi profundajn kaj interesajn paralelojn inter la ŝpuroj de trajnaj trakoj kaj Esperanto, aŭ inter la senco de trafiko kaj Esperanto. En ĉi tiu ĉapitro, oni povos trovi novan paraleleco: inter funkcianto de mikrostrukturoj en mineraloj kaj la rolo de Esperanto en la socio kaj la mondo.

Ĉu la geleganto estas surprizita? Ĉu pliprecize: intrigita? Oni komencu la ĉapitro!

En tiu ĉi komparo, oni esploras la fascinajn karakterizaĵojn de mikrostrukturoj en mineraloj. Dum tiuj mikrostrukturoj povas esti rokokristalaj kaj belaj, ili ankaŭ povas enhavi difektojn kaj neperfektaĵojn. Ekzemple, en la kristala organizado, povas okazi deartikigoj, manko de atomoj en la retkristaloj kaj aliaj malperfektaĵoj.

Tiuj neperfektaĵoj ofte igas materialojn havi pli malbonajn trajtojn (fakte: diversajn propraĵojn, kiel ekzemple: rezisto al tirado, tordo aŭ aliaj fortoj; ecoj de termika rezisto aŭ kondukteco, ktp.) ol materialoj kies kristala krado estas pura, sen difektoj, sen malperfektaĵoj, kaj sen dislokigo de atomoj.

The organization of atoms in the crystal is like *a system* that *is already* organized and *functioning*. Because of this, changing it is a very difficult task. To correct defects, it would be necessary to reorganize the entire lattice structure and also to insert missing atoms in the lattice imperfections. Or to replace the wrong atoms with the right atoms in the crystal lattice where there the defects, or imperfections are. It seems impossible to do that in solid material! Modifying the whole structure it is very difficult: one would have to change the entire lattice to achieve a new reorganization of all atoms, including placing atoms in lattice defects.

However, in the wonderful world of solid crystals, there are interesting phenomena. Even despite the difficulty, the atoms in solid materials show micro-movements. They can move and structurally reorganize themselves to correct defects. Although these micro-movements happen slowly, they are significant. The atoms can correct themselves and reorganize the structure of solid materials!

Incredibly, the atoms of solid materials can move and structurally re-organize and correct themselves!

The speed of these atomic movements is extremely slow (it really depends on the situational circumstances, such as ambient temperature and pressure) but the main thing is this fact: these micro movements really exist.

La organizado de atomoj en la kristalo estas kvazaŭ *sistemo*, kiu *jam estas* organizata kaj *funkcianta*. Pro tio, ŝanĝi ĝin estas tre malfacila tasko. Por korekti difektojn, estus necese reorganizi la tutan retkristalostrukturon kaj ankaŭ enmeti mankantajn atomojn en la retkristalinaj malperfektaĵoj. Aŭ anstataŭigi la malĝustajn atomojn per la ĝustaj atomoj en la kristala krado kie estas difektoj, aŭ neperfektaĵojn. Tion fari, en solida materialo, ŝajnas neebla tasko! Ŝanĝigi ĝin estas forte malfacilega: oni devus ŝanĝi la tutan retkristalestrukturon por atingi novan reorganizadon de ĉiuj atomoj, inkluzive metado de atomojn en retkristalinaj mankaĵoj.

Tamen, en la miranda mondo de solidaj kristaloj, ekzistas interesaj fenomenoj. Eĉ malgraŭ la malfacileco, la atomoj en solidaj materialoj montras mikromovadojn. Ili povas moviĝi kaj strukture reorganizi sin mem por korekti difektojn. Kvankam tiuj mikromovadoj okazas malrapide, ili estas signifaj. La atomoj povas memkorekti sin kaj reorganizi la strukturon de materialo!

Nekredeble, la atomoj de solidaj materialoj povas movi kaj strukture re-organizi kaj korekti sin mem!

Rapideco de ĉi tiuj atomaj movadoj estas ege malrapida (vere dependas de la situaj cirkonstancoj, kiel ĉirkaŭa temperaturo kaj premo) sed la ĉefa afero estas ĉi tiu fakto: tiuj mikromovadoj vere estas.

Thus, at the micro-level, the atoms take their role in the correction of defects and the improvement of the crystal organization. They show that even small changes and slow movement can be important and meaningful![5]

This comparison of the crystal organization and the movement of atoms in minerals gives us a perspective on the potential of self-organization and self-correction in natural systems.

One should not forget that this is a physical process, in which Nature itself seems to correct its own defects, over time. Isn't it wonderful?

A system that *was already working* can be corrected!

Analogously, it is possible to think allegorically about the situation in Spain, where a system was invented to change the width of railway tracks. The width of these tracks could be modified as needed. With such an invention, if the tracks were to be replaced during planned maintenance operations, after approximately 20 years, it would be possible to make the desired change in the width of all the railway tracks in the entire

Tiel, en la mikro-nivelo, la atomoj prenas sian rolon en la korekto de difektoj kaj la plibonigo de la kristala organizado. Ili montras, ke eĉ malgrandaj ŝanĝoj kaj malrapida movado povas esti grava kaj signifa![5]

Tiu ĉi komparo de la kristala organizado kaj la movado de atomoj en mineraloj donas al ni perspektivon pri la potencialo de memorganiziĝo kaj memkorekto en la naturaj sistemoj.

Oni ne forgesu ke tio estas fizika procezo, en kiu la Naturo mem ŝajnas korekti sin pro difektoj, kun la tempo. Ĉu ĝi ne estas mirinda?

Sistemo kiu *jam estis funkcianta*, povas esti korektita!

Analogie, oni povas elpensi alegorian situacion en Hispanio, kie oni inventis sistemo por ŝanĝi larĝecon de fervojaj trakoj. La larĝeco de tiuj trakoj povas varii laŭ neceso. Per tia invento, se oni komencus anstataŭigi la trakojn dum planitaj tenadaj operacioj, post proksimume 20 jaroj, estus ebla realigi ŝanĝojn en la larĝeco de la tutaj fervojaj trakoj en la tuta hispana fervoja reto kaj eble en Portugalio ankaŭ. Kaj evidente

---

[5]In fact, there are material treatment techniques that take advantage of this type of phenomena to improve material properties as far as practicable. e.g.: see "Annealing (materials science)" on *Wikipedia*.

Fakte, estas materialaj traktadoteknikoj kiuj utiligas ĉi tiun tipon de fenomenoj por plibonigi la karakterizaĵojn de la materialoj kiel eble plej multe. Ekzemple, vidu "Rekristaliga varmotraktado" ĉe *Vikipedio*.

Spanish railway network and perhaps in Portugal as well. And obviously the same solution could be similarly applied in other countries where there is a similar problem.

This situation presents an interesting scenario where a technical solution can have a significant impact on the efficiency and flexibility of rail transport. The ability to change the width of tracks, if implemented, could have a significant positive impact on the efficiency of rail operations and be able to improve the transportation system throughout the country. The automation and modernization of railway infrastructure presents new possibilities to improve the variability and adaptability of the railway systems.

Thus, similar to the example of crystal organization in minerals, we see that, even in large systems and structures, changes and improvements are possible. Through the adaptability and variability of the railway tracks, it is possible to respond more efficiently and flexibly to the needs and demands of the transport system. Such technological solutions take time, but it presents new horizons and enables a better and more efficient operation of rail transport.

Again: a system that is already working could potentially be fixed!

The reader probably noticed that in the illustration shown at the end of the first chapter, in the railway network of Portugal and Spain, there are two different colors.

la sama solvo povus esti simile aplikita en aliaj landoj kie ekzistas simila problemo.

Tiu ĉi situacio prezentas interesan scenaron, kie teknika solvo povas havi signifan efikon sur la efikeco kaj flekseblecon de fervoja transporto. La kapablo ŝanĝi la larĝecon de trakoj, se praktikata, povus havi gravan pozitivan efikon sur la efikeco de fervojaj operacioj kaj povi plibonigi la transportosistemon en la tuta lando. La aŭtomatigo kaj modernigo de fervoja infrastrukturo prezentas novajn eblojn por plibonigi la ŝanĝeblecon kaj adaptiĝon de la fervojaj sistemoj.

Tiel, simile al la ekzemplo de kristala organizado en mineraloj, oni vidas ke, eĉ en grandaj sistemoj kaj strukturoj, estas eblaj ŝanĝoj kaj plibonigoj. Per la adaptiĝo kaj ŝanĝebleco de la fervojaj trakoj, oni povas pli efike kaj flekseble respondi al la bezonoj kaj postuloj de la transporta sistemo. Tiaj teknologiaj solvoj necesas da tempo, sed ĝi prezentas novajn horizontojn kaj ebligas pli bonan kaj pli efikan funkciadon de la fervoja transporto.

Denove: sistemo kiu jam estas funkcianta, povus potenciale esti korektita!

La geleganto verŝajne rimarkis ke en la ilustraĵo montrita fine de la unua ĉapitro, en la fervoja reto de Portugalio kaj Hispanio, estas du malsamaj koloroj.

See Illustration 5, which is a detailed enlargement of the Illustration at the end of the first chapter.

Ilustraĵo 5 estu vidita, kiu estas detala pligrandigo de tiu Ilustraĵo el fino de la unua ĉapitro.

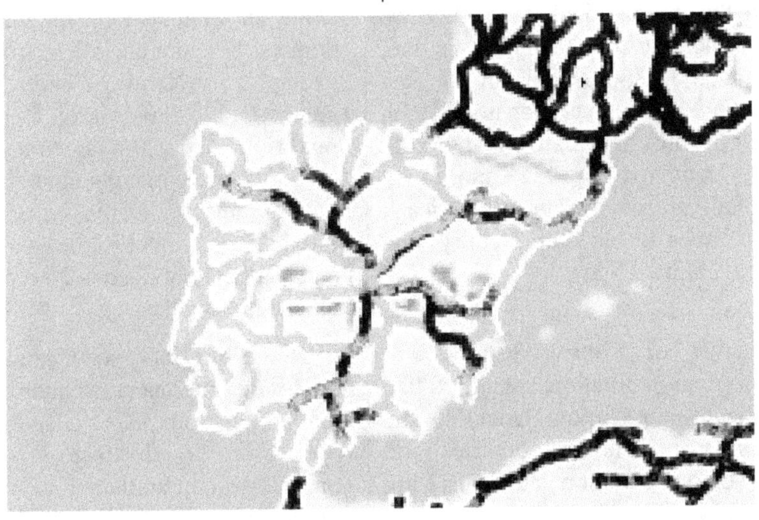

Illustration 5: different track gauges in Spain and Portugal: both, the Iberian and the international lines coexist at the moment

Ilustraĵo 5: diferaj ŝpuroj en Hispanio kaj Portugalio: ambaŭ, la Ibera kaj la internacia linioj kunekzistas nuntempe

This means that Portugal and Spain are currently in the process of coexistence of two different tracks in the two countries, with the potential to replace little by little, year by year, the entire network.[6]

Tio signifas ke, en Portugalio kaj Hispanio, oni nuntempe estas en la procezo de kunvivado de du malsamaj ŝpuroj en la du landoj, je la potencialo

---

[6]Currently, only the Spanish new lines (high-speed rail) feature international gauge. The other lines may be replaced over time. On the other hand, not all of the lines and track gauges are shown in the illustration, only the main lines and track gauges.

Nuntempe, nur la Hispanaj novaj linioj (rapidegaj trajnoj) havas internacian ŝpuron. La aliaj linioj povos esti anstataŭigitaj kun la tempo. Alieflanke, ne ĉiuj el la linioj kaj ŝpuroj estas montrataj en la ilustraĵo, nur la ĉefaj linioj kaj ŝpuroj.

This fact does not only happen in Spain; other countries around the world also adopted the international track, such as, for example: Australia since long ago, Canada in the 1880s, China in the first third of the 20th century, Japan in 1959, Norway in the first half of the 20th century, Denmark in 1924, and many other countries from Europe and Africa at different times in the 20th century, and even in the United States.

The change of railway gauges and adoption of an international standard had a significant implication. Updating the train lines of different countries and agreeing on one common gauge was a big task.

In Australia, the problem with variable railway gauges has been a vital problem for over 150 years. In fact, the continent had three main railway gauges: narrow (1,067 mm), standard (1,435 mm) and broad (1,600 mm). See Illustration 6. This resulted in great logistical challenges and limited the impact of rail transport in the regions.

Until the 1880s, the measurement issue in Australia was not a serious problem, because there were no connections between the separate systems. The focus of rail traffic was movement from the interior to the ports and cities on the coast, so governments were not concerned about the future need for either intercity passenger or cargo services.

anstataŭigi iom post iom, jaron post jaro, la tutan reton.[6]

Ĉi tiu fakto ne okazas nur en Hispanio; ankaŭ en aliaj landoj el la mondo adoptis la internacia ŝpuro, kiel, ekzemple: Aŭstralio ekde longe, Kanado en la 1880-aj jaroj, Ĉinio en la unua triono de la 20-a jarcento, Japanio en 1959, Norvegio en la unua duono de la 20-a jarcento, Danio en 1924, kaj multaj aliaj landoj el Eŭropo kaj Afriko en malsamaj tempoj en la 20-a jarcento, kaj eĉ en Usono.

La ŝanĝo de fervojaj mezuriloj kaj adopto de internacia standardo havis signifan implikon. Ĝisdatigi la trajnliniojn de diversaj landoj kaj konsenti pri unu komuna mezurilo estis granda tasko.

En Aŭstralio, la problemo kun variaj fervojaj mezuriloj estis esenca problemo dum pli ol 150 jaroj. Fakte, la kontinento havis tri ĉefajn fervojajn ŝpurojn: mallarĝajn (1,067 mm), normajn (1,435 mm) kaj larĝajn (1,600 mm). Ilustraĵo 6 estu vidita. Tio rezultis en grandaj logistikaj defioj kaj limigis efikon de fervoja transporto en la regionoj.

Ĝis la 1880-aj jaroj, la mezuriltemo en Aŭstralio ne estis grava problemo, ĉar ekzistis neniuj ligoj inter la apartaj sistemoj. La fokuso de fervoja trafiko estis movado de la landinterno al la havenoj kaj grandurboj sur la marbordo, tiel ke registaroj ne estis maltrankvilaj ĉirkaŭ la estonta bezono de aŭ interurba pasaĝero aŭ kargoservoj.

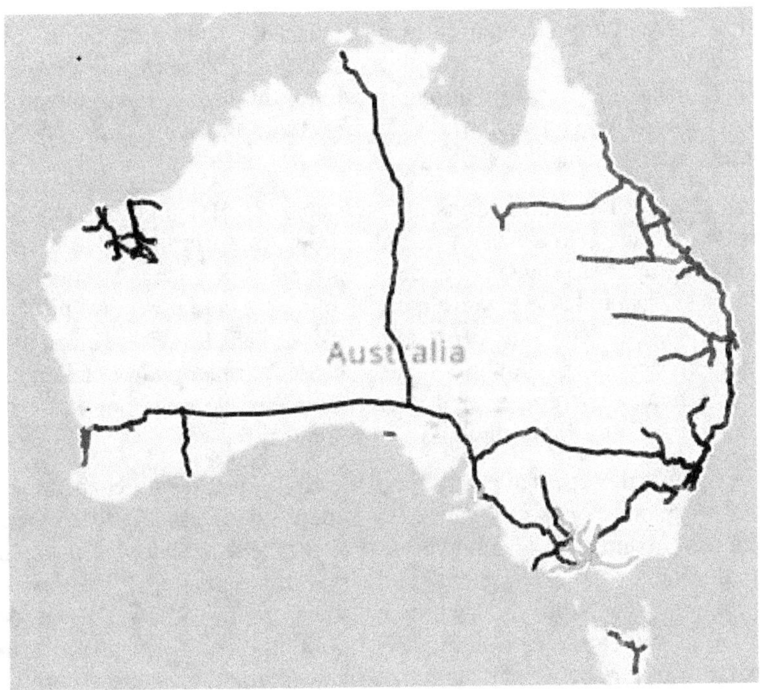

Illustration 6: different gauges in Australia: the eastern lines are 1067 mm (same as in Tasmania), those around Melbourne are 1676 mm and almost all others are international gauge (1435 mm)

But as the railway system developed, the connection needs became apparent. So much so that until the year 1922, almost 300 inventions (273 inventions to be precise) to solve the gauge breaking issue were proposed, but none was adopted: the lack of consensus between the railway managers and technicians continued during that time.

However, after many years of discussions and research, the process of conversion to

Ilustraĵo 6: diferaj ŝpuroj en Australio: la orientaj linioj estas 1067 mm (samkiel en Tasmanio), tiuj ĉirkaŭ Melburno estas 1676 mm kaj preskaŭ ĉiuj aliaj estas internacia ŝpuro (1435 mm)

Sed dum la fervoja sistemo disvolviĝis, evidentiĝis la ligbezonoj. Tiom, ke ĝis la jaro 1922, preskaŭ 300 inventoj (273 inventoj por esti precizaj) por solvi la rompon de mezurilo estis proponitaj, sed neniu estis adoptita: la manko de konsento inter la fervojaj administrantoj kaj teknikistoj daŭris dum tiu tempo.

Tamen, post multaj jaroj de diskutoj kaj esploroj, la procezo de konverto al normala ŝpuro kaj unifikado de fervojaj

standard gauge and unification of railway gauges began. This happened through a series of projects and transformations of lines, including the conversion of the Melbourne-Adelaide line in 1995.

To some extent, the modifications have been made on lines across Australia, but there are still projects to change the tracks of other lines. The goal is to create a more interconnected and efficient rail system throughout the country, allowing easier and more efficient movement of people and goods between different regions.

Thus, the historical process of change and adoption of international rail gauge in Australia is extensive and involves several decades of development and transformations, when the country aimed to improve its railway infrastructure and increase connectivity between its regions.

In any case: again there is a system that is already working, but it is also changing! Progressing little by little!

Even more surprising is the courage of Swedes: previously, in that northern country, the norm was to drive on the left side of the roads (in relation to the sense of circulation), alike many other countries in the world. However, today, Swedes have adapted very well and drive on the right side of their roads. The interesting thing is that they managed to make this change through precise planning and courageous decision. They chose a

mezuriloj komencis. Ĉi tio okazis tra serio de projektoj kaj transformoj de linioj, inkluzive de la konvertado de la Melburno-Adelajdo linio en 1995.

Laŭgrade, la modifoj estis faritaj en linioj tra Aŭstralio, sed ankoraŭ restas projektoj por ŝanĝi la ŝpurojn de aliaj linioj. La celo estas krei pli interligitan kaj efikan fervojsistemon tra la tuta lando, permesante pli facilan kaj efikan movadon de gehomoj kaj varoj inter diversaj regionoj.

Tiel, la historia procezo de ŝanĝo kaj adopto de internacia fervojmezurilo en Aŭstralio estas ampleksa kaj implikas plurajn jardekojn da evoluo kaj transformoj, kiam la lando celis plibonigi sian fervojan infrastrukturon kaj pligrandigi konektecon inter siaj regionoj.

Iukase: denove estas sistemo kiu jam estas funkcianta, sed ĝi ankaŭ estas ŝanĝianta! Progresanta iom post iom!

Eĉ pli surpriza estas kuraĝo de sveduloj: antaŭe, en tiu norda lando, la normo estis veturi en la maldekstra flanko de la vojoj (rilate al la senco de la cirkulado), simile al multaj aliaj landoj en la mondo. Tamen, hodiaŭ, sveduloj tre bone adaptiĝis kaj veturas en la dekstra flanko de la aŭtoŝoseoj. La interesan aferon estas, ke ili sukcesis fari ĉi tiun ŝanĝon per preciza planado kaj kuraĝa decido. Ili elektis specifan daton por la ŝanĝo, kiu estis nomata "tago-H" aŭ *"Dagen H"*.[7]

specific date for the change, which was called "day-H" or "*Dagen H*".[7]

That historic moment happened on Sunday, September 3rd in 1967. During the period from 1:00am to 6:00am, the circulation was completely prohibited, and at 6:00am they started driving "right" in the whole country. Swedes bravely decided to face the change and transform the way they drove. They carried out a great and revolutionary change, to drive on the right side of the roads.

This decision constituted a major change in Swedish culture and driving style. The transition to the right side was carried out with success. A commendable aspect of this is that the Swedes succeeded in making such an important and great change without great confusion or traffic jams.

Of course, this was not a free enterprise! The calculated cost for the works associated with that transition was about 365 million dollars, which in the current value is equivalent to more than 5,500 million dollars.

In Sweden there was a good reason to change the direction of traffic of the cars: all neighboring countries drove in the opposite direction!

Tiu istoria momento okazis dimanĉe la 3-a de septembro en 1967. Dum la periodo de 1:00 ĝis 6:00, la cirkulado estis tute malpermesita, kaj je 6:00 matene ili ekveturis "dekstre" en la tuta lando. Sveduloj kuraĝe decidis alfronti la ŝanĝon kaj transformi la manieron, kiel ili veturas. Ili plenumis grandan kaj revolucian ŝanĝon, transirante al veturado en la dekstra flanko de la aŭtoŝoseoj.

Ĉi tiu decido konsistigis gravan ŝanĝon en la sveda kulturo kaj veturtrado. La transiro al la dekstra flanko estis efektivigita kun sukceso. Laŭdatebla aspekto de tio estas ke la sveduloj sukcesis en la realigo de tia grava kaj granda ŝanĝo sen grandaj konfuzoj aŭ trafikaĵoj.

Kompreneble, tio ne estis senkosta entrepreno! La kalkulita kostumo por la laboroj asociitaj kun tiu transiro estis ĉirkaŭ 365 milionoj da dolaroj, kio en la nuna valoro de tiu valuto estas ekvivalenta al pli ol 5 500 milionoj da dolaroj.

En Svedio estis bona kialo por ŝanĝi la direkton de trafiko de la aŭtoj: la najbaraj landoj veturis en la kontraŭa senco!

---

[7]Here, the letter "H" stands for "Högertrafik" (right traffic in Swedish), or Högertrafikomläggningen.

Ĉi tie, la litero "H" signifas "Högertrafik" (dekstran trafikon en Sveda lingvo), aŭ Högertrafikomläggningen.

The success of the transition from the left side to the right side of the roads in Sweden was impressive and showed the strong dedication of the Swedish people. According to the reports, during the transition period, there was relatively less traffic and confusion than many skeptics had previously feared. This proved that planning, information, and participation of the entire community can lead to a successful outcome even in a large and complex change.

It is still true that Sweden is a country with a low population density and that in 1967 the number of cars and buses in circulation was not the same as it is today. But even so, at the time and with the communication systems then, without Internet, with the workforce of the time, etc., that was really quite an amazing feat and a huge project.

The "Dagen H" in Sweden, or the "H-day", was a historically important day for the country. It represented the change in the driving tradition of the left side to the right side of the roads. The preparations for this great transition lasted for several years and included extensive information, planning and organization.

One of the details that caused curiosity and confusion was the change of road signs. Previously, the Swedish road signs were intended to be read by drivers who were on the left side of the road. Therefore, they had to be bolted down so that the text and icons could be easily read. During the transition to the right side, the traffic signs had to be modified, so that the text and icons were clearly

La sukceso de la transiro de la maldekstra flanko al la dekstra flanko de la vojoj en Svedio estis impresiga kaj montris la fortan dediĉon de la sveda popolo. Laŭ la raportoj, dum la periodon de transiro, okazis relative malpli da trafikaĵoj kaj konfuzoj, ol antaŭe timis multaj skeptikuloj. Tio pruvis, ke planado, informado, kaj partopreno de la tuta komunumo povas kondukadi al sukcesa rezulto eĉ en granda kaj kompleksa ŝanĝo.

Estas ankoraŭ vere ke Svedio estas lando kun malalta loĝdenso kaj ke en jaro 1967 la nombro de aŭtoj kaj aŭtobusoj en cirkulado ne estas la sama kiel hodiaŭ. Sed eĉ tiel, tiutempe kaj kun la tiamaj komunikaj sistemoj, sen Interreto, per la laboristaro de tiam, ktp., tio estis vere sufiĉe mirinda heroaĵo kaj grandega projekto.

La "Dagen H" en Svedio, aŭ la "H-tago", estis historie grava tago por la lando. Ĝi reprezentis la ŝanĝon en la veturtradicio de la maldekstra flanko al la dekstra flanko de la vojoj. La preparadoj por ĉi tiu granda transiro daŭris dum kelkaj jaroj kaj inkludis ampleksan informadon, planadon kaj organizadon.

Unu el la detaloj, kiu kaŭzis scivolemon kaj konfuzon, estis la ŝanĝo de trafiksignoj. Antaŭe, la svedaj trafiksignoj estis destinitaj por esti legataj de veturantoj, kiuj estis en la maldekstra flanko de la vojo. Tial, ili devis esti riglitaj por ke la teksto kaj ikonoj estu facile legataj. Dum la transiro al la dekstra flanko, la trafiksignoj devis esti modifitaj, tiel ke

legible and visible to drivers, who then exited to the right side of the road. This was an important technical aspect that was taken care of to ensure safety and understanding.

On September 3, 1967, during the night before the traffic transition, commanders from the police and traffic officials from the Swedish government examined the roads and prepared themselves for the beginning of the new driving tradition. At one o'clock after midnight, the new way of driving began. The starting point was in the city of Helsingborg, and the new standard spread throughout the country.

The success of the "Dagen H" was visible. Although there was some confusion and sadness on the part of some drivers, the transition took place relatively smoothly and without major incidents. The Swedes had shown their ability to adapt to a new situation and work together to achieve a common goal.

The transition was a big technical operation. The Swedish government supplied new and modified road signs, put up temporary markers to inform drivers and also groups of police officers directed the traffic during the first day of the new driving regulation.

The "Dagen H" not only changed the way Swedes drive, but also influenced other countries. Sweden's success was an inspiration for other nations, and later several other countries also decided to change their driving tradition and move to the right side of the road.

la teksto kaj ikonoj estu klare legeblaj kaj videblaj por veturantoj, kiuj tiam eliris al la dekstra flanko de la vojo. Tio estis grava teknika aspekto, kiu estis atentita por certigi sekurecon kaj komprenon.

Je la 3-a de septembro 1967, dum la nokto antaŭa al la trafika transiro, komandantoj el la policaro kaj trafikoficialoj el la sveda registaro ekzamenis la vojojn kaj preparis sin por la komenco de la nova veturtradicio. Je la unua horo post noktomezo, la nova maniero de veturado komenciĝis. La komencpunkto estis en la urbo Helsingborg, kaj la nova tradicio disvastiĝis tra la tuta lando.

La sukceso de la "Dagen H" estis videbla. Kvankam estis iom da konfuzo kaj malĝojo ĉe kelkaj veturantoj, la transiro okazis relative glate kaj sen grandaj incidentoj. La svedoj montris sian kapablon adaptiĝi al nova situacio kaj labori kune por atingi komunan celon.

La transiro estis granda teknika operacio. La sveda registaro liveris novajn kaj modifitajn trafiksignojn, surmetis provizorajn marksignojn por informi veturantojn kaj ankaŭ arojn da policistoj gvidis la trafikon dum la unua tago de la nova veturtradicio.

La "Dagen H" ne nur ŝanĝis la manieron, kiel la svedoj veturas, sed ankaŭ influis aliajn landojn. La sukceso de Svedio estis inspira por aliaj nacioj, kaj poste pluraj aliaj landoj decidis ankaŭ ŝanĝi sian veturtradicion kaj transiri al dekstra flanko de la vojo.

The "Dagen H" remains a significant moment in the history of Sweden and stands as an example of the courage, organization and community participation in a large and complicated change.

In any case, this example, shows the power of planning, decisions, and the ability of humans to adapt to new conditions. The Swedish people have shown determination and organization to improve driving in their country. They were ready to invest not only money, but also time and energy to make that change happen. The success of that project proves that big and significant changes are possible if one has the courage and determination to make them happen, even if they require a substantial investment.

Similarly, in 1968, a noteworthy shift occurred in Iceland's driving customs. Until then, vehicular circulation had been conducted on the left side of the road; however, the country made a deliberate decision to transition to the right side. This change was of considerable significance and necessitated comprehensive public awareness campaigns. Remarkably, Iceland successfully executed this transition with minimal disruptions or complications.

The change of driving tradition in Iceland was the result of several factors, and economic considerations were one of them. Although Iceland is an island and has no borders with neighboring countries, it traded and interacted with other countries through sea. The choice of right-hand drive was in harmony with the practices of most countries in Europe,

La "Dagen H" restas signifa momento en la historio de Svedio kaj stariĝas kiel ekzemplo de la kuraĝo, organizado kaj komunuma partopreno en granda kaj komplika ŝanĝo.

Iukase, tiu ĉi ekzemplo, montras la povon de planado, decidoj, kaj la kapablo de gehomoj adaptiĝi al novaj kondiĉoj. La sveda popolo prezentis decidemecon kaj organizadon por plibonigi la veturadon en sia lando. Ili estis pretaj investi ne nur monon, sed ankaŭ tempon kaj energion por realigi tiun ŝanĝon. La sukceso de tiu projekto pruvas, ke grandaj kaj signifaj ŝanĝoj estas eblaj, se oni havas la kuraĝon kaj determinon por fari ilin, eĉ se ili postulas substancan investon.

Sammaniere, en 1968, en Islandio okazis signifa ŝanĝo en la veturtradicio de la lando. Ĉe tiu tempo, la cirkulado de aŭtoj okazis en la maldekstra parto de la vojo, sed poste, la lando faris la decidon ŝanĝi al dekstra parto de la vojo. La ŝanĝo estis grava kaj implicis ampleksan informadon al la publiko, kaj la lando sukcesis efektivi la transiron sen grandaj problemoj.

La ŝanĝo de veturtradicio en Islandio estis rezulto de pluraj faktoroj, kaj ekonomiaj konsideroj estis unu el ili. Kvankam Islandio estas insulo kaj ne havas landlimojn kun najbaraj landoj, ĝi komercis kaj interagis kun aliaj landoj tra mara kaj ajna movado. La elekto de dekstra stirado estis en harmonio kun la praktikoj de la plej multaj landoj en Eŭropo, kie la dekstra stirado estis

where right-hand drive was generally followed. This facilitated the importation of vehicles from other countries, and also enabled the Icelanders to use their own vehicles in other countries.

Economic considerations could indeed play a role in the transition to right-hand drive. According to reports, the island purchased vehicles ready for right-hand drive, which allowed the change to be carried out more quickly and efficiently. This meant that the public did not need to incur high costs to modify or adapt their existing vehicles. Also the vehicle service industry, such as repair and spare parts, could benefit from the change in the driving regulation.

Similar to Iceland, Taiwan had experienced its own change in the driving regularion. After the end of Japanese rule in 1945, Taiwan was taken over by the Chinese Republic. As part of the new administration, Taiwan changed from the left-hand drive to the right-hand drive in 1946. The change was accompanied by extensive preparations and information campaigns to ensure the success of the transition.

Korea provides another example of a country that underwent a shift in driving customs following periods of Japanese and American occupation. During the Japanese colonization, the driving tradition mirrored that of Japan, with vehicles circulating on the left side. However, after the American and Soviet occupation and the establishment of North Korea and South Korea as separate entities, both countries transitioned to right-side driving, aligning with the

ĝenerale akceptita. Tio faciligis la importadon de veturiloj el aliaj landoj, kaj ankaŭ ebligis la islandanojn uzi sian propran veturilaron en aliaj landoj.

Ekonomiaj konsideroj ja povis ludi rolon en la transiro al dekstra stirado. Laŭ raportoj, la insulo aĉetis veturilojn pretajn por dekstra stirado, kiu permesis pli rapide kaj efike efektivigi la ŝanĝon. Tio signifis, ke la publiko ne bezonis altajn kostojn por modifi aŭ adapti siajn ekzistantajn veturilojn. Ankaŭ la industrio de servado de veturiloj, kiel ekzemple reparado kaj rezervopartoj, povis profiti de la ŝanĝo en la veturtradicio.

Simile al Islandio, Tajvano travivis sian propran ŝanĝon en la veturtradicio. Post la fino de japana rego en 1945, Tajvano estis transprenita de la Ĉina Republiko. Kiel parto de la nova administrado, Tajvano ŝanĝis de la maldekstra stirado al dekstra stirado en 1946. La ŝanĝo estis akompanita de ampleksaj preparadoj kaj informadokampanjoj por certigi la sukseson de la transiro.

Koreio estis alia lando, kiu travivis ŝanĝon en la veturtradicio post japana kaj usona okupado. Dum la periodoj de japana kolonio, la veturtradicio estis maldekstra, simile al japana maniero. Tamen, post la usona kaj sovetia okupado kaj la establado de Nord-Koreio kaj Sud-Koreio, la du landoj ŝanĝis al la dekstra veturado, sekve de la usona tradicio. Ĉi tiu divergenco en la veturtradicio estis rezulto de la

American tradition. This divergence in driving customs can be attributed to the political and historical circumstances shaping the country at that time.

The changes in the driving traditions of Iceland, Taiwan, Korea and other countries show that the transition from one side of the road to the other is more than just a practical change in the way of driving. It often reflects political, historical, cultural and international influences, and is full of meaning in the adaptation and considerations of security and relations with other countries.

Undoubtedly, these are only a few examples that show that despite "The system is already functioning", due to various circumstances; these systems can still be changed. Historical and cultural circumstances exist that can motivate the change of the system itself.

The transitional phase assumes a significant role in this process. As time elapses, the advantages of the "new system" become increasingly apparent, rendering the alteration of the preexisting, functional system more feasible. The once-noted "inefficiencies resulting from progress" then transform into captivating anecdotes that breathe life into antiquated and amusing scenarios originating from the outdated system. Exploring the connection between these situations and societal development as well as cultural values allows for a more profound examination, presenting a more intricate portrayal of the transformative journey itself and its impact on human experiences and identity.

politika kaj historika situacio de la lando.

La ŝanĝoj en la veturtradicioj de Islandio, Tajvano, Koreio kaj de aliaj landoj montras ke la transiro de unu flanko de la vojo al la alia estas pli ol nur praktika ŝanĝo en la maniero de veturado. Ĝi ofte reflektas politikajn, historajn, kulturan kaj internaciajn influojn, kaj estas signifo plena de la adaptiĝo kaj konsideroj pri sekureco kaj interrilatoj kun aliaj landoj.

Sendube, tiuj estas nure kelkaj ekzemploj kiuj montras ke malgraŭ «La sistemo jam estas funktianta,» kaŭze de diversaj cirkonstancoj; ĉi tiuj sistemoj ankoraŭ povas esti ŝanĝigita. Historiaj kaj kulturaj cirkonstancoj ekzistas, kiuj povas motivi la ŝanĝon de la sistemo mem.

La intertempa aspekto ludas gravan rolon en tiu ĉi procezo. Ju pli da tempo pasas, des pli evidente aperas la avantaĝoj de la "nova sistemo", kaj des pli facile povas okazi la ŝanĝo de la jam ekzistanta kaj funkcianta sistemo. La antaŭe nomata "senekonomio kaŭze de progreso" tiam iĝas ĉarma anekdoto, kiu donas vivon al la malantaŭaj kaj amuzaj situacioj, kiuj povis okazi pro la antikva sistemo. La interrilato de tiuj situacioj kun la evoluo de la socio kaj la kulturaj valoroj povas esti pli profunde esplorata kaj konsiderata, donante pli kompleksan ilustradon de la ŝanĝo mem kaj la efektoj, kiujn ĝi havas sur la homaj spertoj kaj identeco.

One could also mention other important changes that have taken place throughout history and that reflect exactly that: a system that *is already in operation* and difficult to change. And it is not changed, although its alternative is better, because it is impractical to stop a system that *is already working*. And yet, there comes a time when change happens!

For example:

The change from the Julian calendar (also known as "Ancient calendar") to the Gregorian (also known as "New") calendar is a major historically significant and practical change in medieval Europe.

Before the adoption of the Gregorian calendar in the 16th century, the European year was governed by the Julian calendar (created by Julius Caesar), which was based on the observation of the Sun and the Moon. However, the Julian calendar was imperfect and had inaccuracies, which led to a deviation between the observed time step and the actual time.

The shortcomings of the Julian calendar meant that the rules for leap years were not perfect and over time, there were temporary misalignments. The scholars were aware of this, but changing an entire calendar system in the 16th century was quite difficult and meant changing a system that *was already in operation* and was difficult to change.

The Julian calendar had a delay of about 11 minutes and 14 seconds per year, which may seem like a minor difference, but over the years, that delay became hours and days; in fact, the cumulative

Oni ankaŭ povus mencii aliajn gravajn ŝanĝojn, kiuj okazis tra la historio kaj kiuj reflektas ĝuste tion: sistemo, kiu *jam estas funkcianta* kaj malfacile ŝanĝeblas. Kaj ĝi ne estas ŝanĝita, kvankam ĝia alternativo estas pli bona, ĉar estas nepraktike haltigi sistemon kiu *jam estas funkcianta*. Kaj tamen, venas tempo, kiam okazas ŝanĝo!

Ekzemple:

La ŝanĝo de la Julia (ankaŭ konata kiel "Antikva") kalendaro al la Gregoria (ankaŭ konata kiel "Nova") kalendaro estas grava historie signifa kaj praktika ŝanĝo en la mezepoka Eŭropo.

Antaŭ la adopo de la Gregoria kalendaro en la 16-a jarcento, la Eŭropa jaro estis regita de la Julia kalendaro (kreita de Julio Cezaro), kiu estis bazita sur la observado de la Suno kaj de la Luno. Tamen, la Julia kalendaro estis neperfekta kaj havis malprecizojn, kiu kondukis al devio inter la observita tempaŝo kaj la reala tempo.

La mankoj de la Julia kalendaro signifis ke la reguloj por superjaroj ne estis perfektaj kaj kun la tempo, ekzistis provizoraj misagordoj. La saĝuloj konsciis pri tio, sed ŝanĝi tutan kalendaran sistemon en la 16-a jarcento estis sufiĉe malfacila kaj signifis ŝanĝi sistemon kiu *jam estis funkcianta* kaj estis malfacile ŝanĝebla.

La julia kalendaro havis malfruon de ĉirkaŭ 11 minutoj kaj 14 sekundoj ĉiu jare, kio povas ŝajni negrava diferenco, sed tra la jaroj, tiu malfruo fariĝas horoj kaj tagoj; fakte, la kumula malfruo kiu

delay that was calculated at 1582 was more than 10 days.

In an effort to rectify these discrepancies, Pope Gregory XIII made the decision to undertake a calendar reform. In 1582, he introduced the Gregorian calendar, which incorporated meticulous adjustments to the arrangement of months and years. The reform also involved leap days, strategically "skipping" a few days to synchronize with the true movement of the Earth around the sun.

The intention of the change to the Gregorian calendar was to improve the accuracy of the calendar, to make the dates more precisely coincide with the astronomical events. This had a major impact on the religious festivals, businesses and governments of that time.

However, the adoption of the Gregorian calendar was not without controversy. It was introduced by the Catholic Church, and many Protestants and other groups initially resisted the change.

In fact, one of the main critics was the Protestant Reformation, which was an influential religious movement at that time. Some Protestants regarded the Gregorian calendar as a Catholic plot and resisted it, because it was proposed by the Catholic Church. They argued that the change of the calendar was more political than a science-based decision, and they rejected the authority of the Pope and the Catholic Church in such matters.

Apart from that, there were also other criticisms based on practical considerations. For example, merchants and trade organizations feared that the

estis kalkulita je 1582 estis pli ol 10 tagoj.

Por ĝustigi tiujn diferencojn, Papo Gregorio la 13-a faris la decidon entrepreni kalendarreformon. En 1582, li lanĉis la gregorian kalendaron, kiu asimilis zorgemajn alĝustigojn al la aranĝo de monatoj kaj jaroj. La reformo ankaŭ implikis supertagojn, strategie "saltante" kelkajn tagojn por sinkronigi kun la vera movado de la Tero ĉirkaŭ la suno.

La intenco de la ŝanĝo al la Gregoria kalendaro estis plibonigi la precizecon de la kalendaro, por ke la datoj pli akuratempe kongruiĝu kun la astronomiaj eventoj. Tio havis gravan efikon sur la religiaj festoj, komercoj kaj registaroj de tiu tempo.

Tamen, la adopado de la Gregoria kalendaro ne estis sen polomioj. Ĝi estis enkondukita de la Katolika Eklezio, kaj multaj protestantoj kaj aliaj grupoj initialte rezistis la ŝanĝon.

Fakte, unu el la ĉefaj kritikantoj estis la Protestanta Reformacio, kiu estis influa religia movado en tiu epoko. Kelkaj Protestantoj rigardis la Gregoria kalendaron kiel katolikan intrigon kaj rezistis ĝin, ĉar ĝi estis proponita fare de la Katolika Eklezio. Ili argumentis, ke la ŝanĝo de la kalendaro estis pli politika ol sciencbaza decido, kaj ili malakceptis la autoritaton de la Papo kaj la Katolika Eklezio en tiaj aferoj.

Krom tio, estis ankaŭ aliaj kritikoj bazitaj sur praktikaj konsideroj. Ekzemple, komercistoj kaj komercaj organizaĵoj timis, ke la ŝanĝo de la

change of the calendar would create confusion and make international trade and communication difficult. There were also conflicts about the re-proclamation of celebrations and holidays, and the effect of the reform on the long-lasting traditions and customs.

However, in spite of the criticisms, the Gregorian calendar later gained widespread acceptance and was adopted by many countries.

In different regions, the change happened at different times and with different methods.

Finally, the majority of countries accepted the Gregorian calendar, which is more accurate than the Julian calendar, and which is now the international standard for calendar calculations. The change was an important step in the development of the calendar and had a profound influence on the organization of the year and the practical life of humans throughout the centuries.

In any case, there is an additional example of a system that *was already in operation* (the Julian calendar), but was changed thanks to the advantages of a new system; despite the fact that the change would have potentially enormous consequences during the transition time to the new system, and that it would mean removing the system that had been in place for centuries.

The Gregorian calendar is currently the most widely used civil calendar in the world!

kalendaro kreus konfuzon kaj difikultus internacian komercon kaj komunikiĝon. Ankaŭ estis konfliktoj pri la riproklamo de festoj kaj ferioj, kaj la efekto de la reformo sur la daŭrajn tradiciojn kaj kutimojn.

Tamen, malgraŭ la kritikoj, la Gregoria kalendaro poste gajnis vastan akcepton kaj estis adoptita de multaj landoj.

En diversaj regionoj, la ŝanĝo okazis en malsamaj tempo kaj kun malsamaj metodoj.

Finfine, plimulto de la landoj akceptis la Gregoria kalendaron, kiu estas pli preciza ke la Julia kalendaro, kaj kiu nun estas la internacia normo por la kalendaraj kalkuloj. La ŝanĝo estis grava paŝo en la evoluo de la kalendaro kaj havis profundan influon sur la organizado de la jaro kaj la praktika vivado de gehomoj tra la jarcentoj.

Iukase, jen aldona ekzemplo de sistemo kiu *jam estis funkcianta* (la Julia kalendaro), sed estis ŝanĝita dankal avantaĝoj de nova sistemo; malgraŭ la fakto ke la ŝanĝo havus eble enormajn sekvojn dum la transira tempo al la nova sistemo, kaj ke ĝi signifus forigi la sistemon kiu estis modloko dum jarcentoj.

La Gregoria kalendaro nuntempe estas la plej uzata civila kalendaro en la mondo!

And, dear readers, please let me introduce one more example. I promise that it will be one last short and interesting example: In the technological field, we can mention the change from physical databases to virtual ones or in the Cloud.

Previously, a lot of information was stored in physical documents or archives, which required a lot of space and management, in addition to the expense of paper. Now, with the advancement of computers and network technologies, databases can be stored and accessed horizontally, reducing space and improving accessibility. This simplifies the registration, search and dissemination of information, facilitating the work of organizations and institutions.

A system that *is already in operation* (e.g. here the paper and physical items) is not easy to change and replace. But, don't we all already live in a globalized networked, electronic and digitized world? For example: this book that you have in your hands exists in both formats: physical and digital.

In addition, the digital format is not just for new documents, but also for old documents that can be digitized and stored safely to survive the passage of time. In the modern age, when technology is fast, many institutions and individuals choose a digital form for their documentation. This facilitates the acquisition, storage and distribution of the information. However, it is not limited to just new things. Even old documents, whose meaning and value are essential, are subject to the digital

Kaj, karaj gelegantoj, bonvolu permesi al mi enkonduki unu plian ekzemplon. Mi promesas, ke ĝi estos lasta mallonga kaj interesa ekzemplo: En la teknologia kampo, oni povas mencii la ŝanĝon de fizikaj datumbazoj al virtuaj aŭ en la Nubo.

Antaŭe, multaj informoj estis konservitaj en fizikaj dokumentoj aŭ arkivoj, kio postulis multe da spaco kaj administradon, krom elspezo de papero. Nun, per la progreso de komputiloj kaj retaj teknologioj, oni povas konservi kaj aliri datumbazojn deklive, reduktante spacon kaj plibonante la alireblecon. Tio simpligas la registriĝon, serĉon kaj disvastigon de informoj, faciligante la laboron de organizaĵoj kaj institucioj.

Sistemo kiu *jam estas funkcianta* (ĉi ekzemple: papero kaj fizikaj aĵoj) ne estas facile ŝanĝebla kaj anstataŭigebla. Sed, ĉu oni ĉiuj ne jam vivas en tutmondigita interretigita, elektronika kaj ciferecigita mondo? Ekzemple: ĉi tiu libro, kiun vi havas en viaj manoj, ekzistas en ambaŭ formatoj: la fizika kaj la cifereca versioj.

Krome, la cifereca formato estas ne nur por novaj dokumentoj, sed ankaŭ por malnovaj dokumentoj, kiuj povas esti ciferecigataj kaj sekure konservataj por travivi la pason de la tempo. En la moderna epoko, kiam teknologio rapidas, multaj institucioj kaj individuoj elektas ciferecan formon por sia dokumentaĵo. Tio faciligas la aĉeson, konservadon kaj distribuadon de la informo. Tamen, ĝi ne limiĝas nur al novaĵoj. Ankaŭ malnovaj dokumentoj, kies signifo kaj valoro estas esencaj,

transformation. This allows old documents to be more easily accessible and searchable through electronic media (whereas previously one could be forced to search through piles of papers and folders) and, allows preservation of old documents and protection against the passage of time, damage, or natural disasters (while paper documents can get wet, be destroyed by fire or damaged by mold, a digital copy can be more secure and persistent).

Moreover, the digital transformation is not limited to paper, but other areas have also been affected. For example: photography. At the beginning of the digital transformation, many leaders at companies did not believe in the change: it was a dubious change and it meant getting rid of the romantic past of photography with film and photographic paper.

The traditional camera was *already a functioning* system. So, despite the fact that users of digital cameras would have multiple advantages from the use of those cameras (advantages of use, storage, costs, etc.), a certain blockage and resistance to change could be felt in the air at that time.

But some companies decided to bet for the change and gradually evolved to the digital versions of cameras and to the treatment and manipulation of images on digital media.

In the end, those companies succeeded in their decision, because through their gradual transformation, they kept their

estas submetitaj al la cifereca transformo. Tio permesas malnovaj dokumentoj esti pli facile alireblaj kaj serĉeblaj per elektronikaj medioj (dum antaŭe oni povus esti devigita serĉi tra amasoj de paperoj kaj dosierujoj) kaj, permesas konservado de malnovaj dokumentoj kaj protektado kontraŭ la pereigo de tempo, damaĝo, aŭ naturaj katastrofoj (dum paperaj dokumentoj povas malseki, esti detruita per fajro aŭ damaĝiĝi pro moldo, cifereca kopio povas esti pli sekura kaj persista).

Cetere, la cifereca transformo ne estas limigita al papero, sed aliaj areoj ankaŭ estis tuŝitaj. Ekzemple: fotado. Komence de la cifereca transformo, multaj geafergviduloj ĉe kompanioj ne kredis je la ŝanĝo: ĝi estis duba ŝanĝo kaj ĝi signifis forigi romantikan pasintecon de fotoj kun filmo kaj fotografia papero.

La tradicia fotilo estis *jam funkcianta* sistemo. Do, malgraŭ la fakto, ke geuzantoj de ciferecaj fotiloj havus multoblajn avantaĝojn de la uzo de tiuj fotiloj (avantaĝoj de uzo, stokado, kostoj, ktp.), certa blokado kaj rezisto al ŝanĝo povus esti spirita en la aero en tiu tempo.

Sed kelkaj kompanioj decidis veti por la ŝanĝo kaj iom post iom evoluis al la ciferecaj versioj de fotiloj kaj al la traktado kaj manipulado de bildoj sur ciferecaj amaskomunikiloj.

Fine, tiuj kompanioj sukcesis en sia decido, ĉar per sia laŭgrada transformiĝo, ili konservis sian sperton kaj ekscelencon en sia agadkampo, kaj

experience and excellence in their field of activity, and at the same time renewed their products and were able to transfer knowledge and excellence to new generations and new technologies.

These comparisons and examples can have interesting parallels with the social and general role of Esperanto. Although the social system and the linguistic ordering are already established and functioning in the world, Esperanto represents some form of "micro-movement" (like atomic movements in crystals) or an alternative option.

Esperanto is like the "crystal microstructure" in the linguistic world. It is a creative system that aims to be fairer, easier to learn and more communicative between different cultures and languages. However, similar to the atomic movements in the crystals, the influence of Esperanto is small and the speed of its spread is slow. The main thing is that this is really happening and can have a meaning in society and in the communication between humans.

So, although the influence of Esperanto may be small compared to the already existing language system, it represents an alternative path that has the potential to improve society, facilitate mutual understanding and create a more harmonious and communicative world.

In the same way, while we look at the clouds of the present, it can seem that the light of Esperanto shines weakly on the vast globe. As a shadow of a doubt, the idea of fully adopting Esperanto may flirt dangerously with the limits of reality.

samtempe renovigis siajn produktojn kaj povis transdoni scion kaj ekscelencon al novaj generacioj kaj novaj teknologioj.

Tiuj ĉi komparoj kaj ekzemploj povas havi interesajn paralelecojn kun la socia kaj ĝenerala rolo de Esperanto. Kvankam la socia sistemo kaj la lingva ordigo jam estas establita kaj funkcianta en la mondo, Esperanto reprezentas ian formon de "mikromovado" (kiel atomaj movadoj en kristaloj) aŭ alternativa opcio.

Esperanto estas kiel la "kristala mikrostrukturo" en la lingva mondo. Ĝi estas kreada sistemo, kiu celas esti pli justa, pli facile lernebla kaj pli komunikigebla inter diversaj kulturoj kaj lingvoj. Tamen, similaj al la atomaj movadoj en la kristaloj, la influo de Esperanto estas malgranda kaj la rapideco de ĝia disvastiĝo estas malrapida. La ĉefa afero estas, ke tio vere okazas kaj povas havi signifon en la socio kaj en la komunikado inter gehomoj.

Do, kvankam la influo de Esperanto povas esti malgranda kompare al la jam ekzistanta lingva sistemo, ĝi reprezentas alternativan vojon, kiu havas la potencialon plibonigi la socio, faciligi interkomprenon kaj krei pli harmonian kaj komunikeman mondon.

Sammaniere, dum ni rigardas la nubojn de la nuntempo, povas ŝajni ke la lumo de Esperanto lumas malforte sur la vasta terglobo. Kiel ombro de dubo, la ideo pri plene adopti Esperanton eble povas danĝere flirti kun la limoj de la realeco.

However, in the depths of history, similar doubts first filled the air of other great railways.

That is: now, for the moment, although it may seem that the change to Esperanto in the whole world is a hopeless thing, we should not forget that even in the past, countries where the track of trains was a limiter to economic growth and progress, also considered the change of the entire railway network as an impossibility. And, today, we face reality: the system is changing! Train tracks are being replaced in some countries!

And, while feeling the whisper of skepticism, let's look more closely. The world, upstream, can seem fixed and inflexible like a rock, and in such a stage the transformation to Esperanto looks like an utopian dream. But, did not we see the same dance of doubts and despair in the past at the time that the Swedes wanted to change the direction of the traffic to the right side of their roads? And they finally did it! And it was not the only country in which such a feat was achieved!

Are there really actual advantages of Esperanto against other languages? Probably and most likely yes. Perhaps with time, advantages will be discovered by people around the world and a *lightning* will be triggered, just as the difference in electric potential between the clouds and the ground little by little becomes bigger an bigger...

Or maybe the change will not be like lightning, but will be gradual, silent, stealthy but confident.

Tamen, en la profundeco de la historio, similaj duboj unue plenigis la aerojn de aliaj grandaj fervojaĵoj.

Tio estas: nun, momente, kvankam povas ŝajni, ke la ŝanĝo al Esperanto en la tuta mondo estas senespera afero, oni ne forgesu, ke eĉ en la pasinteco, landoj kie ŝpuro de trajnoj estis limigilo al ekonomia kresko kaj progreso, ankaŭ pripensis la ŝanĝon de la tuta fervoja reto kiel neeblaĵon. Kaj, hodiaŭ, ni alfrontas realecon: la sistemo estas ŝanĝiĝanta! Trajnvojoj estas anstataŭigitaj en iuj landoj!

Kaj, sentante la susuradon de skeptikismo, ni rigardu pli atente. La mondo, ĉe la suprafluo, povas ŝajni starita kaj nefleksebla kiel roko, kaj en tia stadiĝo la transformo al Esperanto aspektas kiel utopia revado. Sed, ĉu ni ne vidis la saman dancon de duboj kaj malesperoj en la pasinteco siatempe ke la sveduloj volis ŝanĝi la direkton de la trafiko al la dekstra flanko de iliaj vojoj? Kaj ili fine atingis ĝin! Kaj ĝi ne estis la sola lando en kiu tia heroaĵo estis atingita!

Ĉu vere ekzistas jam efektivaj avantaĝoj de Esperanto kontraŭ aliaj lingvoj? Probable kaj verŝajne jes. Eble post-tempe, avantaĝoj estos eltrovata de la monduloj kaj oni deĉenigos *fulmon* similkiel diferenco de elektra potencialo inter nuboj kaj grundo devenas iomete post iomete pligranda, pligrandega...

Aŭ eble la ŝanĝo ne estos kiel fulmo, sed estos laŭgrada, silenta, ŝtela sed memcerta.

In any case, interesting questions that we can ask ourselves are: What can be learned from all this? And how can it be applied to the case of Esperanto? What do the previous examples have in common that can be used for the benefit of Esperanto and the whole world?

With a look at the previous examples, we can see some common features and lessons that can be beneficial for the case of Esperanto and the world.

First, we may learn that: even if something seems impossible or impracticable to do, a change is possible. The boundaries and fences that are created in our minds are often more flexible than we believe. So, even if the emergence of a change in the spread of Esperanto may seem distant, we must not give in to skepticism, but continue our work and believe in the possibility.

Second, we learn that: the transformation of a linguistic or cultural system requires courage and cooperation. The previous examples show that the success was achieved through common agreement and determination. Likewise, for the full potential of Esperanto to be realized, we need the participation and cooperation of people from different cultures and countries. Only through mutual understanding and solidarity will we be able to make the road easier to travel.

In addition, one learns that: the result of change is not immediately achievable. It takes time, patience, and determination. The transformation is a progressive process that requires continuous energy

Iukase, interesaj demandoj kiujn ni povas demandi al ni mem estas: Kion oni povas lerni el ĉio ĉi? Kaj kiel oni povas apliki ĝin al la kazo de Esperanto? Kion komunaĵojn havas la antaŭaj ekzemploj, kiun oni povas profiti por la profito de Esperanto kaj de la tuta mondo?

Kun rigardo al la antaŭaj ekzemploj, oni povas ekvidi kelkajn komunajn trajtojn kaj lecionojn, kiuj povas esti profitaj por la kazo de Esperanto kaj la mondo.

Unue, oni lernas ke: eĉ se io ŝajnas neebla aŭ maleblaj farendaĵoj, la ŝanĝo estas ebla. La limoj kaj bariloj, kiujn oni kreas en niaj mensaj limoj, ofte estas pli fleksaj ol ni kredas. Do, eĉ se la apero de ŝanĝo en la disvastigado de Esperanto povas ŝajni malproksima, oni ne devas cedi al skeptikismo, sed daŭrigi nian laboron kaj kredi je la ebleco.

Due, oni lernas ke: la transformo de lingva aŭ kultura sistemo postulas kuraĝon kaj kooperon. La antaŭaj ekzemploj montras ke la sukceso estis atingita per komuna interkonsento kaj decidemo. Same, por la plena potencialo de Esperanto esti realigita, oni bezonas la partoprenon kaj kunlaboron de gehomoj el diversaj kulturoj kaj landoj. Nur per interkompreno kaj solidareco oni povos fari la vojon pli facilege traebla.

Krome, oni lernas ke: la rezulto de ŝanĝo ne estas tuj atingebla. Estas necesa tempo, pacienco, kaj persistemo. La transformo estas progresiva procezo, kiu postulas daŭran energion kaj

and dedication. So, one must persevere in the work and not give in before slowness or challenges, because the result will finally be attainable.

To clarify: although it seems that the change of the "dagen H" in Sweden was only from one day to the next, the reality is much more complex. The "effective" change was during a single night, obviously: the Swedes went to bed on Saturday night after driving their vehicles on the left, and when they got up in the morning on Sunday, they already had to drive on the left. But let's not forget that for this to happen, a lot of different preparations were made for a long, long time!

Likewise, it is also important to consider that lightning does not simply happen transiently and spontaneously. It is the result of a complex and progressive preparation of clouds, creating a difference in electrical potential. The phenomenon of lightning is the last stage of this gradual sequence. Before lightning occurs, various processes take place in the clouds. Gradually, electric charge and potential increase between different parts of the clouds. These changes in electrical potential are a result of convection, hitting heavy rain, and the interaction of diverse air types in the clouds.

During this gradual preparation, the electrical potential gradually increases, until it reaches a critical level. Then, lightning arises as a result of the dissociation of electric charges between the clouds or between a cloud and the ground. It is a piecewise electrical

dediĉon. Do, oni devas persisti en la laboro kaj ne cedi antaŭ malrapideco aŭ defioj, ĉar la rezulto finfine estos atingebla.

Klarigante: kvankam ŝajnas, ke la ŝanĝo de la "dagen H" en Svedio estis nur de unu tago al la alia, la realo estas multe pli kompleksa. La "efika" ŝanĝo estis dum ununura nokto, evidente: la svedoj enlitiĝis sabate nokte post veturado de siaj veturiloj maldekstre, kaj kiam ili leviĝis matene dimanĉe, ili jam devis veturi maldekstre. Sed oni ne forgesu ke por tio okazi, multege da diversaj preparoj estis antaŭitaj dum longa, longega tempo!

Same, gravas konsideri ankaŭ ke fulmo ne okazas simple paseme kaj spontane. Ĝi estas la rezulto de kompleksa kaj progresiva preparo de nuboj, kiu kreadas malsamecon en elektra potencialo. La fenomeno de fulmo estas la lasta stadio de tiu laŭgrada sekvo. Antaŭ ol fulmo okazas, diverseaj procezoj okazas en la nuboj. Laŭgrade, elektra ŝargo kaj potencialo pliiĝas inter diversaj partoj de la nuboj. Tiuj ŝanĝoj en elektra potencialo estas rezulto de konvektado, frapado de pluvego, kaj la interago de diversegaj aerospecoj en la nuboj.

Dum tiu laŭgrada preparo, la elektra potencialo iom post iom kreskas, ĝis ĝi atingas kritikan nivelon. Tiam, fulmo estiĝas kiel rezulto de la disarigo de elektraj ŝarĝoj inter la nuboj aŭ inter nubo kaj la tero. Ĝi estas peca elektra

descent that balances the difference in potential.

So, until the moment of lightning, there are many processes and changes in the clouds and electric potential, which together create the conditions for the final ejection of an electric charge in the form of lightning.

Finally, the previous examples show that: the change can have a positive effect and be beneficial for the whole world. When obstacles or limitations are encountered in linguistic communication and intercultural relations, Esperanto can serve as a bridge language that facilitates understanding and connection between people from different nations and cultures. Thus, a more harmonious, mutually understanding, and interculturally rich world can be created through the use of Esperanto.

So, we learn that a real change is possible, courage and cooperation are essential, determination is necessary, and the benefit is universal. As the previous examples show, even seemingly unattainable things can become a reality.

Lastly, it can be concluded that this is more than just an analysis or a message. It is a call to action and commitment. Only through our courage and determination can we make changes in the world. Esperanto, as a language of communication and mutual understanding, has the potential to be a bridge to a better and more harmonious world. But that will not come without the participation of all of us, with our common will and dedication.

descendo, kiu ekvilibrigas la malsamecon en potencialo.

Do, ĝis la momento de fulmo, estas multaj procezoj kaj ŝanĝoj en la nuboj kaj elektra potencialo, kiuj kune kreas la kondiĉojn por la fina elĵeto de elektra ŝarĝo en forma de fulmo.

Fine, la antaŭaj ekzemploj montras ke: la ŝanĝo povas havi pozitivan efikon kaj esti benefa por la tuta mondo. Kiam oni renkontas obstaklojn aŭ limigojn en la lingva komunikado kaj interkultura rilato, Esperanto povas servi kiel ponta lingvo, kiu faciligas komprenon kaj kunligon inter gehomoj el diversaj nacioj kaj kulturoj. Tiel, oni povas krei pli harmonian, interkompreneman, kaj interkulturale riĉan mondon per la uzo de Esperanto.

Do, oni lernas ke la efektiva ŝanĝo estas ebla, la kuraĝo kaj kooperado estas esencaj, la persistemo estas necesa, kaj la profito estas universala. Kiel la antaŭaj ekzemploj montras, eĉ ŝajne malatingeblaj aferoj povas fariĝi realon.

Je fino, oni povas konkludi ke ĉi tio estas pli ol nur analizo aŭ mesaĝo. Ĝi estas voko al agado kaj engaĝiĝo. Nur per nia kuraĝo kaj persistemo oni povas realigi ŝanĝojn en la mondo. Esperanto, kiel lingvo de komunikeco kaj interkompreno, havas la potencialon esti ponto al pli bonan kaj pli harmonian mondon. Sed tio ne venos sen la partopreno de ĉiuj ni, kun nia komuna volo kaj dediĉo.

I invite you all to think about your own role in spreading Esperanto and in building an intercultural community. As individuals, we have the ability to influence and inspire others. We can be ambassadors of communication without barriers, and with our enthusiasm and commitment, we can create new paths and opportunities for Esperanto. And, always with respect and tolerance. One must be an exemplary human being. And it is not (only) intended to say that one must be kind, tolerant, polite, etc., but it is (also, in addition) intended to convey that we must lead by example.

So, I hope this work has been inspiring and encouraging to you, dear readers. We can learn from previous *already-working-system changes*. We can be part of the change, we can create a better world through our actions and the use of a language like Esperanto. Together, we can achieve great things and enrich the world with our diversity and under-standing.

We should be the actors and the agents of change, writers of this poetry, authors of this symphony, authors of this work of art. Because making grow Esperanto is itself an artcraft. The future of Esperanto is in our hands.

Mi invitas vin ĉiujn pensi pri via propra rolo en la disvastigado de Esperanto kaj en la konstruo de interkultura komunumo. Kiel individuoj, oni havas la kapablon influi kaj inspiri aliajn. Oni povas esti ambasadoroj de komunikado sen barieroj, kaj per nia entuziasmo kaj engaĝiĝo, oni povas krei novajn vojojn kaj oportunecojn por Esperanto. Kaj, ĉiam kun respekto kaj toleremo. Oni devas esti ekzemplaj gehomoj. Kaj oni ne celas (nur) diri ke oni devas esti kora, tolerema, ĝentila, ktp., sed oni (ankaŭ, krome) celas transdoni ke ni devas gvidi per nia ekzemplo.

Do, mi esperas, ke ĉi tiu verko estis inspira kaj kuraĝiga por vi, karaj gelegantoj. Oni povas lerni de antaŭaj *jam-funkciantaj-sistemŝanĝoj.* Oni povas esti parto de la ŝanĝo, oni povas krei pli bonan mondon tra niaj agoj kaj la uzado de lingvo kiel Esperanto. Kune, oni povas atingi grandajn aferojn kaj enriĉi la mondon per nia diverseco kaj kompreno.

Oni estu la agantoj kaj la vektiloj de la ŝanĝo, skribantoj de ĉi tiu poezio, verkantoj de ĉi tiu simfonio, aŭtoroj de ĉi tiu artaĵo. Ĉar kreskigi Esperantujon estas mem artaĵo. La estonteco de Esperanto estas en niaj manoj.

References and further reading

Sufficiently comprehensive and accurate information regarding the "H-Day" or "*Dagen H*" can be found on the internet; for example on the *Wikipedia* website.

For individuals seeking further insight into the H-Day and its associated matters, a visit to the following webpage is highly recommended. It serves as a comprehensive resource, gathering fascinating information that can be perused at one's leisure:

- https://en.wikipedia.org/wiki/Dagen_H

Additionally, it is certainly possible to find topics related to the H-Day through online search engines such as *Google* or *Wikipedia* to find current information. A large number of other references can be consulted, although most of these texts are not available in Esperanto. That is why *Wikipedia* was selected as the main reference. In any case, paper references can also be mentioned, for example:

- Friedlanders, Paul. H-Day Is Coming In Sweden., New York Times, 20ª de Aŭgusto de 1967.

Book about the aforementioned "H-Day" in Sweden.

The subject of *H-day* in Sweden is also mentioned and discussed in other books, such as the following two books:

Pliigaraĵoj kaj referencoj

Sufiĉe kompleta kaj ĝusta informacio rilate al la "Tago-H" aŭ *"Dagen H"* povas esti trovita en interreto; ekzemple en la retpaĝaro de *Vikipedio*.

Por ĉiuj, kiuj deziras pli detale koni pri Tago-H kaj ĉiuj koncernaj aferoj, oni povas viziti la jenan retpaĝon en la interreto, kie troviĝas interesaj informoj, kiuj povas esti legataj:

- http://eo.wikipedia.org/wiki/Tago_H

Plie, ĉi tiu retpaĝo estas en Esperanto!!

Aldone, certe oni povas trovi temojn rilatajn al Tago-H pere de retaj serĉiloj kiel *Google* aŭ *Vikipedio* por trovi aktualajn informojn. Oni povas konsulti grandan kvantiton de aliajn referencoj, kvamkam la plimulto de tiuj tekstoj ne estas disponeblaj en Esperanto. Tial *Vikipedion* estis selektita kiel ĉefa referencaro. Ĉiuokaze, ankaŭ paperaj referencoj povas esti mencitaj, ekzemple:

- Friedlanders, Paul. H-Day Is Coming In Sweden., New York Times, 20ª de Aŭgusto de 1967. (Nur en Angla lingvo)

Ĝi temas pri la menciita "Tago-H" (angle "H-Day") en Svedujo. La titolo povas esti traduktita kiel *"Tagon-H estas venanta en Svedujo"*.

La temo de *tago-H* en Svedujo ankaŭ estas menciata kaj priparolata en aliaj libroj, kiel ekzemple la sekvaj du, nur disponeblaj angle:

• American Swedish Historical Foundation. American Swedish Historical Museum: Yearbook – 1967, Nils Y. Wessell, Philadelphia, Pennsylvania, 1967

• Giles Champman, The Story of the Car: the Definitive History of Automobiles, Dprling Kindersley Ltd. 2022

Other interesting web references on the change of sense of circulation are as follows:

• http://en.wikipedia.org/wiki/Switch_to_right_side_driving_in_Czechoslovakia

A web page where the traffic side change is explained (also from left-hand to right-hand traffic) in the ancient country of Czechoslovakia.

Here, Illustration 4 is worth being referenced again, where one can clearly distinguish the countries where driving is currently on the right or left side.

Similarly, the following illustration is interesting:

• https://commons.wikimedia.org/wiki/File:Driving_standards_historic.png

and it is reproduced (and slightly retouched to be visible in grayscale) below inIllustration 7.

• American Swedish Historical Foundation. American Swedish Historical Museum: Yearbook – 1967, Nils Y. Wessell, Philadelphia, Pennsylvania, 1967

• Giles Champman, The Story of the Car: the Definitive History of Automobiles, Dprling Kindersley Ltd. 2022

Aliaj interesaj retaj referencoj pri la ŝanĝo de senco de cirkulado estas jenaj:

• http://en.wikipedia.org/wiki/Switch_to_right_side_driving_in_Czechoslovakia

Retpaĝo en Angla lingvo (neebla Esperante en 2023) kie oni eksplikas ŝanĝigadon de strat-trafiko (ankaŭ de maldekstraflanka iro al dekstraflanka) en antikva lando Ĉeĥoslovakio.

Ĉi tie, la Ilustraĵo 4 indas esti referencita denove, kie oni povas klare distingi la landojn kie nuntempe oni veturas dekstrflanke aŭ maldekstrflanke.

Simile, oni interese trovas jena ilustraĵo:

• https://commons.wikimedia.org/wiki/File:Driving_standards_historic.png

kaj ĝi estas reproduktita (kaj iomete retuŝita por esti grizskale videbla) sube en la Ilustraĵo 7.

<table>
<tr><td>

Illustration 7:street-traffic orientation in the World throughout the history of driving. Original version available at https://commons.wikimedia.org/wiki /File:Driving_standards_historic.png

</td><td>

Ilustraĵo 7: strat-trafika orientado en la Mondo laŭlonge de la vetura historio. Originala versio videbla ĉe https://commons.wikimedia.org/wiki /File:Driving_standards_historic.png

</td></tr>
</table>

For those having the color version of the book, here is the legend:

Red: right-hand circulation.

Bright red with vertical stripes: right-hand circulation, but previously left-hand circulation.

Blue: left-hand circulation.

Light blue: left-hand circulation but it was previously right-hand circulation.

Purple with horizontal stripes: right-hand circulation, but previously there were other various circulation rules depending on the region.

Por ĉiuj, kiuj havas la koloran version de la libro, jen la priskribo:

Ruĝa: dekstrflanka cirkulado.

Hela ruĝa kun vertikalaj strioj: dekstrflanka cirkulado, sed antaŭe oni cirkulis maldekstrflanke.

Blua: maldekstrflanka cirkulado.

Hela blua: maldekstrflanka cirkulado sed antaŭe oni cirkulis dekstrflanke.

Purpuro kun horizontalaj strioj: dekstrflanka cirkulado, sed antaŭe ekzistis aliaj diversaj cirkulreguloj laŭ lokado.

For those who have the grayscale version, the figure has been slightly modified so that the image is still visible. However, since even then it may be difficult to distinguish the grayscale colors, a list of the countries in purple with horizontal stripes is briefly mentioned below: Austria, China, Spain, Italy, Yemen, Canada, Moldova, Poland, Romania, and Ukraine.

Light blue: Namibia only.

In bright red with vertical stripes: Argentina, Belize, Chad, former Czechoslovakia, Chile, Eritrea, Ethiopia, Finland, Ghana, Hungary, Iceland, former Yugoslavia, Cameroon, Myanmar, Nigeria, Portugal, Somalia, Sweden, and the United States.

In dark blue: Australia, Bangladesh, India, Bhutan, Guyana, Indonesia, Ireland, Japan, Cyprus, Malaysia, Malta, Nepal, New Zealand, Pakistan, Papua New Guinea, Sri Lanka, Suriname, Thailand, United Kingdom, and certain islands of the Antilles.

The remaining countries are in dark red.

Notes: Antarctica is not shown because it does not apply. Neither are shown the islands of the Pacific Ocean because they are barely visible in the figure due to the size allowed by the paper. But the islands in the Pacific ocean where drivers drive on the left side are: Australia, Nauru, New Zealand, Fiji, Kiribati, Papua New Guinea, Solomon Islands, Tonga and Tuvalu.

Por tiuj, kiuj havas la grizskalan version, la figuro estis iomete retuŝita tiel ke la bildo ankoraŭ estas iomete videbleta. Tamen, ĉar eĉ tiam estas malfacile distingi la grizskalajn kolorojn, listo de la landoj en purpuro kun horizontalaj strioj estas mallonge menciita sube: Aŭstrio, Ĉinio, Hispanio, Italio, Jemeno, Kanado, Moldavio, Pollando, Rumanio, kaj Ukrainio.

Hela blua: nur Namibio.

En hela ruĝeco kun vertikalaj strioj: Argentino, Belize, Ĉadio, iama Ĉeĥoslovakio, Ĉilio, Eritreo, Etiopio, Finnlando, Ganao, Hungario, Islando, iama Jugoslavio, Kamerunio, Mjanmao, Niĝerio, Portugalio, Somalio, Svedio, kaj Usono.

En malhelblua: Aŭstralio, Bangladeŝo, Barato, Butano, Gujano, Indonezio, Irlando, Japanio, Kipro, Malajzio, Malto, Nepalo, Nov-Zelando, Pakistano, Papuo-Nov-Gvineo, Sri-Lanko, Surinamo, Tajlando, Unuiĝinta Reĝlando, kaj certaj insuloj de Antiloj.

La ceteraj landoj estas en malhelruĝa.

Notoj: Antarkto ne estas montrita ĉar ĝi ne rilatas. Nek estas montritaj insuloj de la Pacifika Oceano ĉar ili estas apenaŭ videblaj en la figuro pro la grandeco permesita de la papero. Sed la insuloj en la Pacifika oceano kie gehomoj veturas maldekstrflanke estas: Aŭstralio, Nauro, Nov-Zelando, Fiĝioj, Kiribato, Papuo-Nov-Gvineo, Salomonoj, Tongo kaj Tuvalo.

Regarding Gibraltar: although it is a British overseas territory, Gibraltar switched to driving on the right on 16 June 1929, to avoid accidents involving vehicles from Spain. Some public buses until recently had a right-hand-drive design, with a special door allowing passengers to enter on the right.

In many Caribbean islands where traffic is on the left, such as the British Virgin Islands, US Virgin Islands, Cayman Islands, Bahamas and Turks and Caicos Islands, most passenger cars have a right-hand drive design, being imported from the United States. Only government cars and those imported from Asia have a left-hand-drive design. In fact, the US Virgin Islands are particularly known for having a high accident rate caused by mainland American tourists who are unfamiliar with driving on the left in their rental cars. This confusion is obviously compounded by using a right-hand-drive design vehicle.

East Timor changed sides twice (being first a Portuguese Colony until 1975, and being occupied by Indonesia later on).

Finally, complete information about right- and left-hand circulation, including countries where circulation is on the right or on the left, and countries where the sense of circulation has been changed, may be read at:

- http://en.wikipedia.org/wiki/Right-and_left-hand_traffic

Koncerne Ĝibraltaron: kvankam ĝi estas brita transoceana teritorio, Ĝibraltaro ŝanĝiĝis al veturado dekstre la 16an de junio 1929, por eviti akcidentojn implikantajn veturilojn de Hispanio. Kelkaj publikaj busoj ĝis antaŭ nelonge havis dekstreflankan-veturaddezajnon, kun speciala pordo permesante al pasaĝeroj eniri dekstre.

En multaj karibaj insuloj kie trafiko veturas maldekstre, kiel ekzemple la Britaj Virgulininsuloj, Usonaj Virgulininsuloj, Kajmanaj Insuloj, Bahamoj kaj Turkoj kaj Kajkoj, la plej multaj personaŭtoj havas dekstreflankan-veturaddezajnon, estante importitaj de Usono. Nur registaraj aŭtoj kaj tiuj importitaj el Azio havas maldekstreflankan-veturaddezajnon.
Fakte, la Usonaj Virgulininsuloj estas precipe konataj pro havi altan akcidenton indicon kaŭzita de amerikaj turistoj el la kontinento kiuj estas nekonataj kun veturado maldekstre en siaj luaŭtoj. La konfuzo de kiu estas evidente kunmetita per uzado de dekstreflankan-veturaddezajnon veturilo.

Orienta Timoro ŝanĝis veturflankon dufoje (estante unue Portugala Kolonio ĝis 1975, kaj estante okupita fare de Indonezio pli poste).

Fine, ĉiuj kiuj scias angla lingvo povos legi kompletan informacion pri dekstr- kaj maldekstrflanka cirkulado; inkluzive, landoj kie oni cirkulas dekstr- aŭ maldekstrflanke, kaj landoj kie senco de cirkulado estis ŝanĝita, ĉe:

- http://en.wikipedia.org/wiki/Right-and_left-hand_traffic

On the other hand, additional interesting information related to the imperfections in crystal structures of materials can be found at:

• http://en.wikipedia.org/wiki/Dislocation

Just the illustrations therein (in the English language version of that website) already explain well some of the effects of micro-movements of atoms which are technically known as dislocation gliding/slip.

Here are also some books about imperfections in the crystal structures of materials:

• Hull, D.; Bacon, D. J. (2001). Introduction to dislocations (4th ed.). Butterworth-Heinemann.

• Anderson, Peter M. (Peter Martin) (2017). Theory of dislocations. Hirth, John Price, 1930-, Lothe, Jens (Third ed.). New York, NY.

Besides, a reference to the list of railway lines that have been modified to adapt their tracks during history and the ongoing projects is also mentioned below:

• https://en.wikipedia.org/wiki/List_of_gauge_conversions

Also a link is included below where the adoption of the Gregorian calendar is discussed, and how the Julian calendar was discarded, as well as the implications that this had in human history.

Nur en Angla lingvo

Alieflanke, aldonaj interesaj informacioj rilate al la neperfektaĵoj en kristalstrukturoj de materialoj, povas esti trovataj ĉe:

• http://en.wikipedia.org/wiki/Dislocation

Ankoraŭ (en 2023) ĝi ne estas ebla Esperante. Tamen, la solaj ilustraĵoj (en la anglalingva versio de tiu retejo) jam bone eksplikas kelkaj el la efektojn de mikromovado de atomoj kiuj, teĥnike estas nomataj "deartikigecojn".

Jen ankaŭ kelkaj libroj (en la angla lingvo) pri neperfektaĵoj en la kristalaj strukturoj de materialoj:

• Hull, D.; Bacon, D. J. (2001). Introduction to dislocations (4th ed.). Butterworth-Heinemann.

• Anderson, Peter M. (Peter Martin) (2017). Theory of dislocations. Hirth, John Price, 1930-, Lothe, Jens (Third ed.). New York, NY.

Alie, referenco al la listo de fervojaj linioj kiuj estis modifitaj por adapti siajn ŝpurojn dum historio kaj la daŭrantaj projektoj ankaŭ estas menciita malsupre:

• https://en.wikipedia.org/wiki/List_of_gauge_conversions

Ankaŭ inkluzivita malsupre estas ligilo kie la adopton de la gregoria kalendaro estas diskutata, kaj kiel la julia kalendaro estis forĵetita, tiel kiel la implicoj ke tio havis en homa historio.

- https://en.wikipedia.org/wiki/Adoption_of_the_Gregorian_calendar

Available in English and other languages, but not in Esperanto (as of 2023).

Other interesting references about calendars are the following:

- Dershowitz, Nachum; Reingold, Edward M, Calendrical Calculations, Cambridge University Press, 2008

This book is a detailed summary of various calendar systems and their changes. It also contains information about the Julian calendar and the Gregorian calendar.

- Michael J. Walsh, The Great Calendar Reform, An Historical and Mathematical Examination, 2018

- Michael J. Walsh, The Sixteenth Century Gregorian Reform of the Julian Calendar. An Historical and Mathematical Examination of the Reform. University College Dublin, 2005

In these two last books, accessible mathematical descriptions of the old and new calendars are provided, together with an exposition of the historical context.

- Claude Piron (Klaŭdjo), Psikologiaj aspektoj de la monda lingvoproblemo kaj de Esperanto.

Lecture/conference presented by Claude Piron in Basel during the Trilateral Meeting on March 21, 1998. Readable online at: https://web.archive.org/web/20050818051854/http://ourworld.compuserve.com/Homepages/profcon/e_psikas.htm

- https://en.wikipedia.org/wiki/Adoption_of_the_Gregorian_calendar

Disponebla angle kaj alielingve, sed ne Esperante (je 2023).

Alia interesaj referencoj pri kalendaroj estas la sekvaj:

- Dershowitz, Nachum; Reingold, Edward M, Calendrical Calculations, Cambridge University Press, 2008

Tiu libro estas detala resumo de diversaj kalendaraj sistemoj kaj iliaj ŝanĝoj. Ĝi ankaŭ enhavas informojn pri la Julia kalendaro kaj la Gregoria kalendaro.

- Michael J. Walsh, The Great Calendar Reform, An Historical and Mathematical Examination, 2018

- Michael J. Walsh, The Sixteenth Century Gregorian Reform of the Julian Calendar. An Historical and Mathematical Examination of the Reform. University College Dublin, 2005

En ĉi tiuj du lastaj libroj, alireblaj matematikaj priskriboj de la malnovaj kaj novaj kalendaroj estas disponigataj, kune ekspozado de la historia kunteksto.

- Claude Piron (Klaŭdjo), Psikologiaj aspektoj de la monda lingvoproblemo kaj de Esperanto.

Prelego prezentita de Claude Piron (Klaŭdjo) en Bazelo dum la Trilanda Renkontiĝo la 21-an de marto 1998. Legebla rete ĉe: https://web.archive.org/web/20050818051854/http://ourworld.compuserve.com/Homepages/profcon/e_psikas.htm

Epilogue

Right now, dear readers, now that this short essay is almost over, I invite you to imagine that in the first chapter a star and its wonders were described. And that in the second chapter, we talked about another very different star, which is located millions of light years[8] away from the first star. And, in the successive chapters, we also talked about other stars not related to each other and at huge distances between them.

So, now, can all readers see the constellations?

Countless other examples of *systems already in operation* can indeed be mentioned. However, the author considered it unnecessary; the given introductory examples (railway tracks, traffic orientation, and in less detail, or sketchily: defects in mineral crystals and a change to the Gregorian calendar, as well as allegorically lightning) are already sufficient to show the essential idea.

Obviously, the main purpose of this writing is not showing a huge number of examples. The simple examples that were presented in this text were just a useful tool to introduce and reinforce the essence of the ideas that are essentially the main focus of the work.

It is desired that the examples be like lights, lighting the way to a deeper understanding.

Dear readers, imagine a working gear system where some of the gears need to be replaced with better gears to get optimal

Epilogo

Ĝuste nun, kara gelegantoj, nun kiam ĉi tiu mallonga eseeto preskaŭ finiĝis, mi invitas vin imagi, ke en la unua ĉapitro oni priskribis stelon kaj ĝiajn mirindaĵojn. Kaj en la dua ĉapitro, oni parolis pri alia tre malsama stelo, kiu lokas milionoj da lumjaroj[8] ekde la unua stelo. Kaj, en la sinsekvaj ĉapitroj, oni parolis ankaŭ pri aliaj steloj ne rilataj unu al la alia kaj en grandegaj distancoj inter si.

Do, nun, ĉu la geleganto povas vidi ĉiujn konstelaciojn?

Plurnombreblaj aliaj ekzemploj de *jam funkciantaj sistemoj* povas vere esti menciitaj. Tamen, la aŭtoro konsideris ĝin nenecesaj; la donitaj enkonduketaj ekzempletoj (fervoja ŝpuroj, flankstrat-trafikojn, kaj malplidetale, aŭ skize: difektoj en mineralkristaloj kaj ŝanĝo al Gregoria kalendaro, samkiel alegorie fulmoj) jam estas sufiĉa por montri la esencan ideon.

Evidente, la ĉefa celo de ĉi tiu skribaĵo ne estas montri grandegan amason da ekzemploj. La simplaj ekzemploj, kiuj estis prezentitaj en la teksto, estis nur utila ilo por enkonduki kaj plifortigi la esencon de la ideoj, kiuj estas esence ĉefa fokuso de la verko.

Oni deziras, ke la ekzemploj estu kiel lumoj, lumigante la vojon al pli profunda kompreno.

Kara geleganto, imagu funkciantan ilarsistemon kie kelkaj el la ilaroj devas esti anstataŭigitaj per pli bonaj ilaroj por

performance of the system. You can't replace the whole system at once, because that would be impractical. However, one can gradually replace each gear until the whole system is finally improved completely. Allegorically, this is the idea.

Of course, one can think of questions like: What is happening? Why is that so? How? But we can also ask ourselves questions such as: What can be learned from those systems that *were already in operation* but managed to be changed despite the difficulties? What do they all have in common, so that we can apply lessons learned to the case of Esperanto?

The examples shown have been designed as aids that give practical and concrete aspects to the concepts that are being discussed. With this, it was aimed to facilitate cognition and create bridges through which readers can connect the theory with the practice, and answer these and other questions.

However, it is noted that, in the fullness of the subjects and ideas that are treated in this book, the amount of examples is relatively modest. Since the aim was to present and explore the essence of the subjects, it was preferred to enrich the text with analyses, theoretical discussions and practical suggestions.

akiri optimuman rendimenton de la sistemo. Oni ne povas anstataŭigi la tutan sistemon tuje, samtempe, ĉar tio estus tro nepraktika. Tamen, oni povas iom post iom anstataŭigi ĉiun ilaron ĝis la ilaran sistemon estos fine plibonigonta tute. Alegorie, jen la ideo.

Komprenible, oni povas pensi demandojn kiel: Kio okazas? Kial estas tiel? Kiel? Sed ni povas ankaŭ fari al ni demandojn kiel ekzemple: Kion oni povas lerni el tiuj sistemoj, kiuj *jam estis funkcianta* sed sukcesis ŝanĝiĝi malgraŭ la malfacilaĵoj? Kion komunaĵojn ili ĉiuj havas, por ke ni povu apliki lernaĵoj al la kazo de Esperanto?

La montritaj ekzemploj estis dezajnitaj kiel helpiloj, kiuj donas praktikajn kaj konkreteblajn aspektojn al la konceptoj, kiuj estas diskutataj. Per tio, oni celis faciligi kognitiĝon kaj krei pontojn, per kiuj la gelegantoj povas konekti la teorion kun la praktiko, kaj respondi tiujn, kaj aliajn demandojn.

Tamen, oni rimarkas ke, en la pleneco de la temoj kaj ideoj kiuj estas traktataj en ĉi tiu libro, la kvanto de ekzemploj estas relative modesta. Ĉar la celo estis prezenti kaj esplori la esencon de la temoj, oni preferis enriĉi la tekston per analizoj, teoriaj pridiskutoj kaj praktikaj sugestoj.

---

[8]One light year is approximately 9.46 trillion kilometers, or about 5.88 trillion miles.

Unu lumjaro estas proksimume 9.46 duilionoj da kilometroj, aŭ ĉirkaŭ 5.88 duilionoj da mejloj.

I hope you will understand and accept the choice I had to make. The goal was to create and offer a work that is understandable, inspiring, and useful. I hope that the ideas that have been discussed in the text will to sharpen your thinking and unleash new horizons.

I am glad of your support and faith, which is shown by your reading of this work. Your participation and engaged understanding is valuable and appreciated. I hope this book will satisfy your curiosity and enhance your experience.

Finally, dear readers, it is with great respect and zeal that I turn to you to share some information and clarifications regarding the "references and further reading" of this book. I want you to know that the references to Internet page(s) that are mentioned in those parts of the book were last seen on July 2023, before the publication of this current edition. Because of this, it cannot always be guaranteed that those referenced pages still and always exist in the same form or under the same address.

In addition, I need to make a clarification regarding the choice of online references versus paper alternatives. Of course, I would prefer to include more paper references, as they are sources of information that are not so easily removed from our hands. However, I must admit that it is not always possible to achieve everything that is desired: the availability of paper documents in Esperanto on these subjects, at least in the country where I live, can be difficult to obtain and limited.

Mi esperas, ke vi komprenos kaj akceptos la elekton kiun mi devis fari. La celo estis krei kaj oferi verkon, kiu estas komprenebla, inspira, kaj utila. Mi esperas, ke la ideoj, kiuj estis disvastigitaj en la teksto, povos strekigi vian penson kaj malkateni novajn horizontojn.

Mi ĝojas pri via apogo kaj fido, kiu montriĝas per via legado de ĉi tiu verko. Via partopreno kaj enĝagita komprenado estas valoraj kaj estimindaj. Mi esperas, ke ĉi tiu libro kontentigos vian scivolemon kaj plibonigos vian sperton.

Laste, karaj gelegantoj, per granda estimo kaj fervoro mi turnas min al vi, por kunhavigi kelkajn informojn kaj klarigojn rilate al la "Pliigaraĵoj kaj referencoj" de ĉi tiu libro. Mi deziras ke vi sciu, ke la mencioj pri interretaj paĝ(ar)oj, kiuj estas menciitaj en tiu parto de la libro, estis laste viditaj je Julio 2023, antaŭ la publicado de ĉi tiu aktuala eldono. Pro tio, oni ne povas ĉiame garantii, ke tiuj referencitaj paĝoj ankoraŭ kaj ĉiam ekzistas en la sama formo aŭ sub la sama adreso.

Krome, mi devas fari klarigon pri la elekto de interretaj referencoj kontraŭ paperaj alternativoj. Kompreneble, mi preferus inkluzivi paperajn referencojn, kiel ili estas fontoj de informo, kiu ne tiom facile foriĝas el niaj manoj. Tamen, mi devas konfesi, ke ne ĉiam oni povas atingi ĉion kion estas dezirata: la dispono de paperaj dokumentoj en Esperanto pri tiuj temoj, almenaŭ en la lando kie mi loĝas, povas esti malfacila kaj limigita.

Therefore, I decided to include online references, as they are often more current and accessible. I hope you will understand and forgive me for this. I want to assure you that I put great care and attention into selecting online information that was valid and useful at the time of my research. However, updates and changes in the online environment are inevitable, and therefore the up-to-dateness of all references cannot be completely guaranteed.

I ask for your understanding and willingness to accept this limit. I hope that even if the online references may cause some confusion, you will find other sources and information in the book that will fully and enjoyably satisfy your curiosities.

Thank you for your patience, trust and presence. Your support is the force that grows and inspires me to keep improving. Through this book, I wish to contribute to your experience, knowledge and growth. Together let us explore the range of new thoughts, ideas and ventures, and inspire each other to continue our eternal quest for knowledge and understanding.

With joy and gratitude, I turn to you, my esteemed readers. Thank you very much.

Tial, mi decidis inkludi interretajn referencojn, ĉar ili estas ofte pli aktualaj kaj alireblaj. Mi esperas, ke vi komprenos kaj pardonos min pro tio. Mi volas certigi vin ke mi metis grandan zorgon kaj atenton en selektado de interretaj informoj, kiuj estis valide kaj utilaj je la tempo de mia esplorado. Tamen, ĝisdatigoj kaj ŝanĝoj en la interreta medio estas neeviteblaj, kaj tial ne povas esti tute pravigite la ĝisdatigeco de ĉiuj referencoj.

Mi petas vian komprenon kaj bonvolon akcepti tiun ĉi limon. Mi esperas, ke eĉ se la retaj referencoj povas kaŭzi iom da ĝenateco, vi trovos aliajn fontojn kaj informojn en la libro, kiuj plene kaj ĝuinde kontentigos viajn scivolemojn.

Dankon pro via pacienco, fido kaj ĉeesto. Via apogo estas la forto, kiu kreskigas kaj inspiras min daŭre pliboniĝi. Per ĉi tiu libro, mi deziras kontribui al via sperto, scio kaj kresko. Kune ni esploru la vicon de novaj pensoj, ideoj kaj entreprenoj, kaj nin inspiru reciproke por daŭrigi nian eternan serĉadon de scio kaj kompreno.

Kun ĝojo kaj dankemo, mi turnas min al vi, miaj estimataj gelegantoj. Dankegon.